PONS

deutsch-türkisch
türkisch-deutsch

Wörterbuch der idiomatischen Redensarten

von
Alev Tekinay

Klett

CIP-Kurztitelaufnahme der Deutschen Bibliothek

Tekinay, Alev:
Pons-Wörterbuch der idiomatischen Redensarten:
dt.–türk., türk.–dt./von Alev Tekinay. –
1. Aufl. – Stuttgart: Klett, 1984.
ISBN 3-12-518810-5
NE: HST

ISBN 3-12-518810-5

1. Auflage 1984

Umschlaggestaltung: Erwin Poell, Heidelberg.
Fotosatz und Druck: W. Röck, Weinsberg.
Printed in Germany.

Inhaltsverzeichnis

Vorwort

In der Bundesrepublik Deutschland sprechen mehr als eine Million Einwohner Türkisch als Muttersprache und Deutsch als Zweitsprache. Das deutsch-türkische Zusammenleben und die kulturellen Wechselbeziehungen machten das Türkische zur zweitwichtigsten in der Bundesrepublik gesprochenen Sprache.

Wenn in Betracht gezogen wird, wie wichtig die Redensarten im praktischen Sprachgebrauch sind, ist das Fehlen eines idiomatischen Wörterbuchs eine große Lücke. Dieses Buch, das das erste deutsch-türkische und türkisch-deutsche idiomatische Wörterbuch bildet, schließt diese Lücke.

Es verfolgt aber nicht nur praktische Zwecke, sondern will auch einen Beitrag zur kontrastiven Linguistik leisten, da die vergleichende deutsch-türkische und türkisch-deutsche Idiomatik bislang nicht behandelt worden sind. Das Buch wird so zu einem wertvollen Hilfsmittel nicht nur für Philologen und Studenten, sondern auch für alle Deutschen, die ihre Türkischkenntnisse, und für alle Türken, die ihre Deutschkenntnisse vervollkommnen wollen.

Da das Wörterbuch nicht für Anfänger gedacht ist, ist auf die wörtliche Übersetzung der Redensarten verzichtet worden.

Es braucht nicht hervorgehoben zu werden, daß Vollständigkeit weder angestrebt noch erreicht werden konnte. Dennoch ist die Zahl der hier behandelten Wendungen ca. jeweils 3000.

Die Auswahlkriterien sind folgende:

1. Es sind nur solche Redensarten angeführt, die im Türkischen bzw. im Deutschen ihr idiomatisches Gegenstück haben,
2. Die Häufigkeit der Verwendung sowohl in der Schriftsprache als auch im praktischen Sprachgebrauch ist besonders berücksichtigt worden.

Die angeführten Wendungen sind zum größten Teil „neutral" (alltagssprachlich), d. h. sie wirken in keinem Ausdrucksbereich störend. Einige Redensarten entstammen sowohl niedrigeren als auch höheren Stilebenen (vgl. Abkürzungsverzeichnis). Eine Reihe Redensarten entstammt modernen Publikationen (Belletristik, Medien wie Tageszeitungen und Zeitschriften). Der Hinweis (S) deutet auf eine grobe Ausdrucksweise hin, deren türkische Wiedergabe zum Ausdrucksbereich des Argot gehört. In Anbetracht dessen erscheint selbstverständlich, daß bei der türkischen Wiedergabe manchmal vulgäre Wendungen angeführt werden mußten.

Kritik und Anregungen sind stets willkommen.

Für die Durchsicht der deutschen Redensarten sowie für ihre Anregungen danke ich meiner Freundin und Kollegin Monika Stucky.

München, Sommer 1983 — Alev Tekinay

Aufbau des Wörterbuchs

Das Wörterbuch gliedert sich in zwei Teile: deutsch-türkische und türkisch-deutsche Redensarten.
In der linken Spalte jeder Seite steht jeweils die deutsche Redensart, in der rechten ihr türkisches Gegenstück, bzw. umgekehrt.
Der Schrägstrich (/) bei der türkischen bzw. deutschen Wiedergabe bedeutet, daß die Wendung in der jeweils anderen Sprache Synonyme oder mehrere Entsprechungen mit kleinen Bedeutungsnuancen hat, z. B.:

abgebrannt sein	meteliğe kurşun atmak/cebi delik olmak/on parasız kalmak

Hat eine Wendung in der jeweils anderen Sprache mehr als eine Bedeutung, so ist dies bei der Wiedergabe mit a), b) usw. gekennzeichnet worden, z. B.:

jemandem über den Kopf wachsen	a) birinin boyunu geçmek b) birinin başına (veya) tepesine çıkmak

Nötige ergänzende Angaben sind bei der Wiedergabe in Klammern dargestellt worden, z. B.:

ernste Absichten haben	(evlilik konusunda) niyeti ciddi olmak

Auch in Erweiterung mögliche oder alternative (in diesem Fall mit der Angabe ‚oder') Gebrauchsform einer Redensart wurden in Klammern dargestellt, z. B.:

jemandem etw. (mit gleicher Münze) heimzahlen
jemanden bis aufs Blut ärgern (od. reizen)

Manchmal bedeuten Klammern, daß der Gebrauch einer Redensart auch in Verneinung in beiden Sprachen möglich ist, z. B.:

(keinen) festen Boden unter den Füßen haben	bastığı yer sağlam ol(ma)mak

Die alphabetische Reihenfolge im deutsch-türkischen Teil richtet sich grundsätzlich nach dem ersten Hauptwort, z. B.:

jemandem eine **Laus** in den Pelz setzen

Enthält die Redensart kein Substantiv, richtet sich die alphabetische Reihenfolge nach dem ersten ausschlaggebenden Wort, z. B.:

jemanden **grün** und blau schlagen.

Verzeichnis der Abkürzungen

etw.	etwas
od.	oder
s.	sich
usw.	und so weiter
veya	türk. ‚oder‘
vgl.	vergleichen Sie
vs.	ve saire (türk. ‚und so weiter‘)

B	Redensart biblischen Ursprungs
L	literarische Stilebene
R	nur regional verbreitete Redensart
S	Slang
T	Redensart aus der Teenager-Sprache
U	umgangssprachliche Redensart

Dabei ist zu berücksichtigen, daß die Grenzen zwischen diesen Kategorisierungen fließend sind und zunehmend fließender werden; auch einzelne Nachschlagewerke stimmen darin nicht immer überein.

Quellenverzeichnis

Ö. A. Aksoy, Atasözleri ve Deyimler Sözlüğü, Ankara 1981[3].

B. Atalay, Çeşitli Halk Fıkraları ve Deyimleri, Ankara 1968.

B. Atsız; H. J. Kissling, Sammlung türkischer Redensarten, Wiesbaden 1974.

Y. Z. Bahadırlı, Türkçe Deyimler Sözlüğü, Istanbul 1971.

Der Neue Brockhaus. Lexikon und Wörterbuch in 5 Bänden, Wiesbaden 1973–1975[5].

F. Dornseiff, Der deutsche Wortschatz nach Sachgruppen, Berlin 1954[4].

W. Friedrich, Moderne deutsche Idiomatik, München 1976[2].

Krüger-Lorenzen, Das geht auf keine Kuhhaut, Düsseldorf 1960.

H. Küpper, Wörterbuch der deutschen Umgangssprache, 6 Bde, Hamburg 1965–1970.

H. Raab, Deutsche Redewendungen, 3 Bde, St. Pölten/Wien 1964.

Schulz-Griesbach, 1000 idiomatische Redewendungen, München 1975.

K. Steuerwald, Türkisch-Deutsches Wörterbuch, Wiesbaden 1972. Deutsch-Türkisches Wörterbuch, Wiesbaden 1974.

Türkçe Deyimler Sözlüğü, hrsg. v. Ülke Yayınevi, Istanbul 1980.

P. Tuğlacı, An English-Turkish Dictionary of Idioms-Ingilizce/Türkçe Tabirler Lugatı, 2. ed. rev., Istanbul 1963.

G. Wahrig, Deutsches Wörterbuch, Gütersloh 1979.

Wörterbuch der idiomatischen Redensarten
(deutsch-türkisch)

A

das **A** und O	işin esası, işin en önemli kısmı
von **A** bis Z	başından sonuna kadar; a'dan z'ye kadar
jemanden **abblitzen** lassen U, T	birini başından savmak/atlatmak
abbrennen: **abgebrannt** sein U	meteliğe kurşun atmak/cebi delik olmak/on parasız kalmak
abdampfen U	çekip gitmek
da gibt's kein **Aber**	lamı cimi yok
ein **abgekartetes** Spiel	danışıklı dövüş
abhalftern: **abgehalftert** werden U	pabucu dama atılmak
abkratzen S	nalları dikmek/cızlamı çekmek/kuyruğu titretmek/tahtalı köyü boylamak
abmelden: bei jemandem **abgemeldet** sein U	birinin defterinden silinmiş olmak
(etw.) **absahnen** U	beleşçilik etmek
auf dem **Absatz** umkehren (od. kehrtmachen)	gerisin geriye dönmek
ernste **Absichten** haben	(evlilik konusunda) niyeti ciddi olmak
jemanden **abspeisen**	(birinin) ağzına bir parmak bal çalmak
etw. **abstauben** U	(bir şeyi) aşırmak
auf **Abwege** geraten	kötü yola düşmek
jemanden **abwimmeln** U	birini atlatmak (veya ekmek)
mit **Ach** und Krach	zar zor/bata çıka/düşe kalka
ach und weh schreien	inim inim inlemek
dauernd (od. ständig) auf **Achse** sein	leyleği havada görmek
mit den **Achseln** zucken	omuz silkmek
jemanden über die **Achsel** ansehen	birine tepeden (veya yüksekten) bakmak
auf **achtzig** kommen U	küplere binmek
bei **Adam** und Eva anfangen	işe elif-ba'dan başlamak
von **Adam** und Eva (ab) stammen	nuhu nebiden kalmak
(im) **Adamskostüm**	anadan doğma/çırıl çıplak

an die falsche **Adresse** geraten	yanlış kapı çalmak
s. aus der **Affäre** ziehen	işin içinden sıyrılmak / yakasını kurtarmak (sıyırmak)
ich denke, mich laust der **Affe** U, R	eşekten düşmüş karpuza döndüm
(s.) einen **Affen** (gekauft) haben U	fitil gibi sarhoş olmak / zom olmak / küfelik olmak / zil zurna sarhoş olmak / burnunu ucunu görememek
vom (wilden) **Affen** gebissen (worden) sein U	keçileri kaçırmış olmak
(mit) **Affenliebe** (an jemandem hängen) U	(birinin) bokunda boncuk bulmak
jemands **Affen** Zucker geben U	birine yağ çekmek
keine blasse **Ahnung** (von etw.) haben U	haberi bile olmamak / yanından bile geçmemiş olmak
zu etw. (od. zu allem) (Ja und) **Amen** sagen B	Ahfeşin keçisi gibi baş sallamak / her şeye eyvallah demek / evet efendim, sepet efendim demek
zum **Anbeißen** (hübsch) sein U	fıstık gibi olmak
jemanden hart **anfahren**	birini terslemek / haşlamak
(ein) blutiger **Anfänger** (sein) U	acemi çaylak (olmak)
s. durch nichts **anfechten** lassen	Nuh deyip peygamber dememek
wie **angegossen** passen (od. sitzen) U	hokka gibi oturmak
jemandem an die **Angel** gehen	oltaya yakalanmak
nach jemandem (od. etw.) **angeln** U	birini (veya bir şeyi) elde etmeye çalışmak
wie **angewurzelt** dastehen	taş (veya put) kesilmek
in tausend **Ängsten** schweben	korkudan üç buçuk atmak
es mit der **Angst** (zu tun) bekommen	yüreği ağzına gelmek
in **Angst** und Bange sein	yürek Selanik (olmak)
jemandem **angst** und bange machen	birini korkuya (telaşa) düşürmek
ein **Angsthase** sein U	tavşan yürekli olmak
s. einen **ankümmeln** S	iki tek atmak
annageln: wie **angenagelt** dasitzen (od. dastehen) U	(korkudan, heyecandan vs.) mıhlanmış gibi durmak
von **Anno** Tobak stammen U, R	vgl. ‚von Adam und Eva (ab)stammen‘
jemanden **anpumpen** U	birinden para sızdırmak / para koparmak
für einen **Apfel** und ein Ei	vgl. ‚für ein Butterbrot‘

in den saueren **Apfel** beißen (müssen)	ayvayı yemek
mit **Argusaugen** beobachten	kuş uçurtmamak / göz hapsine almak
jemanden in den **April** schicken	birine nisan balığı yutturmak / birini maytaba almak
jemanden auf den **Arm** nehmen U	biriyle dalga geçmek / birini alaya almak
jemandem in die **Arme** laufen	(biriyle tesadüfen) göz göze gelmek
jemandem unter die **Arme** greifen	birine destek olmak / birinin elinden tutmak / birini desteklemek
mit verschränkten **Armen** zusehen (dabeistehen usw.)	elim elim üstünde oturmak
mit offenen **Armen** empfangen werden	sevinçle karşılanmak
(s.) die **Ärmel** hochkrempeln U	kolları sıvamak / işe girişmek
etw. aus dem **Ärmel** schütteln U	bir çırpıda yapıvermek
ein **As** (in etw.) sein U	işinin ehli olmak
s. **Asche** aufs Haupt streuen B	bin pişman olmak / pişmanlıktan dövünmek / başını taştan taşa vurmak
s. (selber) den **Ast** absägen, auf dem man sitzt U	bindiği dalı kesmek
einen **Ast** durchsägen U	horul horul horlamak
s. einen **Ast** lachen U	gülmekten katılmak
nicht (od. kaum) zu **Atem** kommen	(işten, uğraştan vs.) nefes alamamak / nefes alacak hali olmamak
jemandem bleibt der **Atem** weg	vgl. ‚jemandem bleibt die Spucke weg'
(ganz) **atemlos** sein	nefes nefese olmak
in einem **Atem(zug)**	bir nefeste / solukta
etw. (od. jemanden) wie seinen **Augapfel** hüten	(birini veya bir şeyi) gözü gibi sakınmak / göz bebeği gibi korumak / üstüne titremek
jemandem gehen die **Augen** auf	işi çakmak / beyninde şimşekler çakmak / gözü açılmak / ayağı suya ermek
(die ganze Nacht) kein **Auge** zutun können	(bütün gece) gözünü kırpmamak / başı yastık görmemek
jemandem die **Augen** öffnen	(birinin) gözünü açmak
seinen **Augen** nicht trauen wollen U	gözlerine inanamamak
die **Augen** (für immer) schließen L	gözlerini kapamak (yummak) (ölmek)
die **Augen** offenhalten	gözünü dört açmak
ein **Auge** (od. beide Augen) zudrücken	(bir suça vs.) göz yummak

vorn und hinten **Augen** haben U	cingöz olmak / cin gibi bakmak / fıldır fıldır bakmak / gözleri velfecri okumak
die **Augen** (weit) aufreißen U	gözlerini faltaşı gibi açmak
s. die **Augen** ausweinen (od. aus dem Kopf weinen)	seller gibi gözyaşı dökmek
ganz **Auge** und Ohr sein	dikkat kesilmek
(große) **Augen** machen	gözlerini faltaşı gibi açmak
kein **Auge** lassen von (etw. od. jemandem)	(birinden veya bir şeyden) gözlerini ayırmamak
kein **Auge** (mehr) haben für (etw. od. jemanden)	(biri veya bir şey birinin artık) gözünde olmamak
ein **Auge** werfen auf (etw. od. jemanden) U	(birinde veya bir şeyde) gözü olmak / göz koymak, göz dikmek
nicht aus den **Augen** lassen	göz hapsine almak
aus den **Augen** verlieren	gözden kaybetmek
ins **Auge** fallen (od. springen)	göze çarpmak
in jemands **Augen**	birinin gözünde
in jemands **Augen** steigen	birinin gözüne girmek
ins **Auge** fassen	göz önüne almak
im **Auge** behalten	gözden çıkarmamak
mit einem lachenden und einem weinenden **Auge**	hem eğlarım, hem giderim
jemandem (etw. od. jeden Wunsch) von den **Augen** ablesen	(birinin) her arzusunu gözünden okumak / bir dediğini iki etmemek
mit einem blauen **Auge** davonkommen	ucuz kurtulmak
jemandem wird schwarz vor (den) **Augen**	gözleri kararmak
sehenden **Auges**	göz göre göre
etw. (nicht) wegen jemands schöner **Augen** machen U	(bir şeyi birinin) kara gözlerinin hatırı için yap(ma)mak
ein **Auge** riskieren U	gizlice bir göz atmak
Auge um Auge, Zahn um Zahn B	göze göz, dişe diş / kısasa kısas / kana kan, kesiğe kesik
soweit das **Auge** reicht	göz görebildiği kadar
geh mir aus den **Augen**! U	yıkıl karşımdan
aus den **Augen,** aus dem Sinn	gözden ırak, gönülden ırak
unter vier **Augen**	baş başa
mit den **Augen** verschlingen U	gözüyle (gözleriyle) yemek / göz dikmek
ein **Auge** haben (für etw.)	bir şeyden çok iyi anlamak
etw. (jetzt) mit ganz anderen **Augen** sehen	(bir şeyi şimdi) başka gözle görmek

Augenweide	göz ziyafeti
etw. **ausbaden** müssen U	kabak başına patlamak
etw. **ausfressen** U	halt yemek
auslöffeln müssen, was man s. eingebrockt hat U	vgl. ‚die Suppe auslöffeln müssen, die man s. eingebrockt hat'
s. **ausschütteln** wollen vor Lachen	gülmekten kasıkları çatlamak
außen hui, innen pfui U	dışı seni yakar içi beni
außer s. sein	kendinden geçmek

B

baden gehen U	a) ağzını havaya açmak b) iflas etmek/topu dikmek
baff sein U	şaşkınlıktan ağzı açık kalmak/parmağı ağzında kalmak/apışıp kalmak
etw. **Bahn** brechen (od. **bahnbrechend** sein)	bir şeye öncülük etmek
auf der rechten (falschen) **Bahn** sein	doğru (yanlış) yolda olmak
auf die schiefe **Bahn** geraten	kötü yola düşmek/yoldan çıkmak
jemanden auf die rechte (od. richtige) **Bahn** bringen (od. lenken)	(birini) doğru yola getirmek
lügen, daß s. die **Balken** biegen U	martaval okumak/kurt masalı okumak/işkembei kübradan atmak
am **Ball** bleiben U	(bir şeyin) ardını bırakmamak
(großen usw.) **Bammel** haben (vor etw.) U	korkudan üç buçuk atmak/arka ayakları titremek
etw. auf die lange **Bank** schieben U	(bir şeyi) rafa koymak (bir işi uzatmak)
ein rechter (od. tapsiger) **Bär** sein U	ayı gibi olmak, yontulmamış olmak
jemandem einen **Bären** aufbinden (wollen) U	birine yalan yutturmak
jemandem einen **Bärendienst** erweisen	birine kötü hizmette bulunmak
s. auf die **Bärenhaut** legen	ense yapmak/minder çürütmek
einen **Bärenhunger** haben U	kurt gibi acıkmak
Bärenkräfte haben	ayı gibi kuvvetli olmak/taşı sıksa suyunu çıkarmak
eine **Bärennatur** haben	çakı gibi sağlam olmak/turp gibi olmak

jemandem um den **Bart** gehen U	birine yağ çekmek/nabzına göre şerbet vermek/sakalına göre tarak vurmak
s. in den **Bart** lachen U, R	bıyık altından gülmek
der **Bart** ist ab	dananın kuyruğu koptu
wissen, wo (der) **Barthel** den Most holt U	şeytana çarık giydirmek/şeytana külahı ters giydirmek
Bauklötze (mit Gummiecken) staunen U, R	afallamak/şaşakalmak/eşekten düşmüş karpuza dönmek
s. den **Bauch** halten (vor Lachen) U	gülmekten kasıkları çatlamak
s. den **Bauch** vollschlagen U	midesini tıka basa doldurmak
vor jemandem auf dem **Bauch** liegen	çanak yalayıcı olmak
(ein Kerl) wie ein **Baum** U	kapı gibi adam/çam yarması gibi adam
in **Bausch** und Bogen	fark gözetmeksizin
zu tief in den **Becher** schauen (od. gucken) U	vgl. ‚zu tief ins Glas schauen'
s. **begraben** lassen können U	fikirleri işe yaramamak
bei s. sein	aklı başında olmak
nicht alle **beieinander** haben U	tahtası eksik olmak
jemandem ein **Bein** stellen	birine çelme takmak
die **Beine** unter den Arm nehmen U	topukları ensesini dövmek/pabuçları ensesini dövmek
s. die **Beine** nach etw. ablaufen U	vgl. ‚s. die Schuhsolen nach etw. ablaufen'
wieder auf den **Beinen** sein	belini doğrultmak/işlerini yoluna koymak
jemandem **Beine** machen U	birinin iki ayağını bir pabuca sokmak
s. die **Beine** in den Leib stehen U	ayağına (ayaklarına) kara sular inmek
mit einem **Bein** im Grabe stehen	bir ayağı çukurda olmak
mit dem linken **Bein** zuerst aufgestanden sein	sol tarafından kalkmış olmak
über alle **Berge** sein	toz olmak/kirişi kırmak
da haben wir die **Bescherung!** U	vgl. ‚da haben wir den Salat'
ich fresse einen **Besen(stiel)**, wenn ... U	vgl. ‚ich will Meier heißen, wenn ...'
s. eines **Besseren** besinnen	aklını başına toplamak
das **Bett** hüten	yastıktan başını kaldıramamak/döşek esiri olmak
ans **Bett** gefesselt sein	döşek esiri olmak
s. in ein gemachtes **Bett** legen U	hazıra konmak

auf **Biegen** oder Brechen	gözünü budaktan sakınmaksızın
dufte **Biene** S, T	fıstık gibi kız
emsig wie eine **Biene**	arı gibi çalışkan
ein **Bild** von einem Mädchen	bir içim su
s. von etw. ein **Bild** machen	(bir şey hakkında) fikir edinmek
im **Bilde** sein	(bir şey hakkında) fikir sahibi olmak
auf der **Bildfläche** erscheinen U	ortaya çıkmak/meydana çıkmak
(wieder) von der **Bildfläche** verschwinden U	ortadan kaybolmak
es regnet **Bindfäden** U, R	sicim gibi yağmur yağıyor
in die **Binsen** gehen U	suya düşmek/sarpa sarmak/berbat olmak
eine weiche **Birne** haben S	aklı kıt olmak
ein fetter **Bissen** U	vgl. ‚ein fetter Brocken'
jemandem bleibt der **Bissen** im Halse stecken	lokmalar boğazına dizilmek
jemandem keinen **Bissen** (od. nicht den **Bissen** Brot) gönnen	birine her şeyi çok görmek
s. den **Bissen** vom Mund absparen	dişinden tırnağından arttırmak
jemandem die **Bissen** im (od. in den) Mund zählen	birinin yediğinde gözü olmak
blank sein U	vgl. ‚abgebrannt sein'
kein **Blatt** vor den Mund nehmen U	dobra dobra söylemek/açıkça söylemek/sözünü sakınmamak
blau (wie ein Veilchen) sein U	fitil gibi sarhoş olmak
blaumachen U	(okulu, işi vs.) asmak, kırmak
blaues **Blut** haben	asil kanlı (asilzade) olmak
ins **Blaue** fahren	hedefi bilinmeyen seyehate çıkmak
ins **Blaue** (hinein)reden	gelişi güzel, rastgele, ulu orta konuşmak /laklak etmek/dereden tepeden konuşmak
das **Blaue** vom Himmel herunterlügen U	maval okumak/yalan savurmak
Blech reden U	abuk sabuk, hava cıva konuşmak
das sieht doch ein **Blinder** mit dem Krückstock (od. ohne Brille) U, R	kör kör parmağım gözüne
wie ein **Blitz** aus heiterem Himmel	tepeden inme/damdan düşer gibi
wie ein geölter **Blitz** U	ok yaydan fırlar gibi
wie vom **Blitz** getroffen sein (od. dastehen, od. zu Boden sinken)	beyninden vurulmuşa dönmek

s. eine **Blöße** geben	açık vermek
etw. durch die **Blume** sagen L	ima yoluyla söylemek / ‚kızım sana söylüyorum, gelinim sen anla' demek
das **Blut** erstarrt (od. stockt, od. gefriert, od. gerinnt) jemandem in den Adern	kanı donmak
das **Blut** kocht jemandem in den Adern	kanı beynine çıkmak
Blut (und Wasser) schwitzen U	kan ter içinde kalmak / anasından emdiği süt burnundan gelmek
ruhig(es) (od. kaltes, od. kühles) **Blut** bewahren	soğuk kanlı olmak / soğuk kanlılığını korumak
jemanden bis aufs **Blut** ärgern (od. reizen) U	(birini) doğuğuna doğacağına pişman etmek / anasından emdiği sütü burnundan getirmek
Blut geleckt haben U	(bir şeyin) tadını almak
böses **Blut** machen U	(birinin) asabını (sinirini) bozmak
blutjung sein	gepgenç, taptaze olmak
einen **Bock** schießen U	gaf yapmak
den **Bock** zum Gärtner machen U	kediye peynir tulumu emanet etmek / delinin eline değnek vermek
jemandem ins **Bockshorn** jagen U	(birine) gözdağı vermek
s. (nicht) ins **Bockshorn** jagen lassen U	kuru gürültüye pabuç bırak(ma)mak
wie aus dem **Boden** geschossen	ensesinde bitmek
(keinen) festen **Boden** unter den Füßen haben	bastığı yer sağlam ol(ma)mak / atını sağlam kazığa bağla(ma)mak
der **Boden** wird jemandem zu heiß unter den Füßen U	paçaları tutuşmak
den **Bogen** überspannen	çığrından çıkarmak / çizmeden yukarı çıkmak / işi azıtmak
den **Bogen** raushaben U	işin kolayını bulmak / işin içyüzünü anlamak
jemanden in hohem **Bogen** hinauswerfen	(birini) kapı dışarı etmek
(lang wie) eine **Bohnenstange** sein U	fasulye sırığı gibi (veya leylek gibi) olmak
dumm wie **Bohnenstroh** sein U	ayran budalası, enayi pilakisi, cennet buzağısı olmak
die **Bombe** ist geplatzt U	dananın kuyruğu koptu
wie eine **Bombe** einschlagen U	(haber vs.) bomba gibi patlamak
ein **Bombenerfolg** sein U	parlak başarı olmak

bombensicher sein U	şüphe götürmemek
etw. über **Bord** werfen	(bir işi) başından savmak
auf **Brautschau** gehen U	görücülüğe çıkmak
ein fetter **Braten** sein U	vgl. ‚ein fetter Brocken sein'
den **Braten** riechen U	(kötü bir şeyin) kokusunu almak
um den heißen **Brei** (herum) reden	lafı gevelemek/lafın turşusunu kurmak
jemanden zu **Brei** schlagen S	birinin (döve döve) pastırmasını çıkarmak
ein **Brett** vor dem Kopf haben U	darkafalı olmak
jemandem **Brief** und Siegel auf etw. geben	kalıbını basmak
etw. durch die rosarote **Brille** sehen	(dünyayı vs.) tozpembe görmek
ein fetter **Brocken** U	yağlı kapı/yağlı kuyruk
ein harter **Brocken** U	demir leblebi/çetin ceviz
(nur) ein paar **Brocken** (einer Sprache) können (od. beherrschen)	(bir dili) çat pat bilmek/(bir dili) kafa göz yararak konuşmak
wissen, auf welcher Seite das (od. sein) **Brot** gebuttert ist U	bal alacak çiçeği bilmek
s. sein **Brot** sauer verdienen (müssen)	ekmeğini taştan çıkarmak
jemandem den **Brotkorb** höher hängen U	birinin ekmeğinden kısmak
s. etw. **brüderlich** teilen	(bir şeyi) kardeş payı bölüşmek
jemandem etw. **brühwarm** weitererzählen U	(birine bir şeyi) sıcağı sıcağına anlatmak
s. an die Brust schlagen	dizini dövmek/pişmanlıktan dövünmek
s. in die **Brust** werfen	göğsünü germek/şişinmek
im **Brustton** der Überzeugung	tok sesle/emin bir sesle
wie ein **Buch** reden U	makara gibi konuşmak
(s.) ins **Buch** der Geschichte eintragen L	tarihe geçmek
ein **Buch** mit sieben Siegeln	kapalı kutu/anlaşılmaz bir şey
wie es (od. er, sie) im **Buch** steht	su katılmamış
Bücher wälzen	kitaplar devirmek
auf den **Buchstaben** genau	harfi harfine
einen breiten **Buckel** haben U	vgl. ‚einen breiten Rücken haben'
jemandem den **Buckel** hinunterrutschen (können) U	(birinin) dedikleri vız gelmek
etw. auf dem **Buckel** haben U	sırtında yük olmak

es läuft jemandem eiskalt (od. heiß und kalt) über den **Buk-kel** U	başından aşağı kaynar sular dökülmek
einen **Bückling** machen	reverans yapmak
sein **Bündel** schnüren (müssen)	bohçasını toplamak
ein gerissener **Bursche** sein U	eski kurt / kaçın kurrası / hin oğlu hin / ağaca çıksa pabucu yerde kalmaz
bei jemandem auf den **Busch** klopfen U	ağzını aramak / ağzından sakız avlamak / nabzını yoklamak
mit etw. hinter dem **Busch** halten	maksadını gizlemek
(alles) in **Butter** sein U	her şey yolunda / güllük gülistanlık
wie **Butter** an der Sonne (zer-rinnen od. schmelzen)	(para) akıp gitmek
aussehen (od. dastehen), als hätte einem jemand die **But-ter** vom Brot genommen U	aklı başından gitmiş gibi görünmek
jemandem etw. aufs **Butterbrot** schmieren U	(bir şeyi birinin) başına kakmak
(etw.) für ein **Butterbrot** (tun od. bekommen) U	yok pahasına, yok fiyatına / bini bir para(ya)
auf die **Butterseite** fallen U	dört ayağı üstüne düşmek

D

(k)ein **Dach** über dem Kopf haben	başını sokacak yeri ol(ma)mak
eins aufs **Dach** bekommen U	vgl. ‚eins auf den Deckel kriegen‘
etw. unter **Dach** und Fach brin-gen U	bir işi sona erdirmek
jemandem aufs **Dach** steigen U	a) birnden hesap sormak b) birine terbiyesini vermek
einen **Dachschaden** haben U	kafadan kontak olmak / tahtası eksik olmak
jemandem **Dampf** machen U	birini harekete geçirmek
Dampf hinter etw. machen U	(zor kullanarak bir işi) hızlandırmak
aufgehen wie eine **Dampf-nudel** U	a) hindi gibi kabarmak b) mandalar gibi şişmek
Daumen (od. Däumchen) dre-hen U	boş oturmak / sinek avlamak
jemandem die **Daumen** drük-ken (od. halten) U	birine şans dilemek

(quer) über den **Daumen** peilen U	kaba tahminde bulunmak/aşağı yukarı, tahmin etmek
den **Daumen** auf etw. halten U	zırnık bile koklatmamak
jemandem **Daumenschrauben** anlegen U	birini sıkıştırmak, baskı altında tutmak
s. nach der **Decke** strecken	ayağını yorganına göre uzatmak
(bis) an die **Decke** springen (vor Freude usw.)	(sevinçten vs.) başı göğe ermek/ ayakları yere değmemek
mit jemandem unter einer **Dekke** stecken U	biriyle suç ortağı olmak, suç ortaklığı etmek
an die **Decke** gehen U	cinleri tepesine çıkmak/babaları tutmak
eins auf den **Deckel** kriegen U	papara yemek/zılgıt yemek
jemandem einen **Denkzettel** verpassen U	birine iyi bir ders vermek
einen **Denkzettel** verpaßt bekommen U	unutamayacağı bir ders almak/papara yemek
mit jemandem **deutsch** reden U	(biriyle) açık konuşmak
mit jemandem durch **dick** und dünn gehen U	aralarından su sızmamak
etw. **dick** haben U	canına yetmek/canına tak demek
dick auftragen U	pireyi deve yapmak
(s.) **dicketun** U	vgl. ‚große Töne spucken‘
jemanden **dick** haben U	birini çekememek
einen **Dickkopf** haben U	dikkafalı olmak
das ist ein **Ding** ! U	İşe bak yahu !
ein **Ding** drehen S	dolap çevirmek/dalavere yapmak
unverrichteter **Dinge**	eli boş olarak
etw. (od. das) geht nicht mit rechten **Dingen** zu	işin sakat bir tarafı var
wie vom **Donner** gerührt sein	beyninden vurulmuşa dönmek
jemandem ein **Dorn** im Auge sein	birinin gözüne batmak
auf **Draht** sein U	tetikte bulunmak/açıkgöz olmak
jemanden mit **Dreck** bewerfen U	birine çamur (veya çirkef) atmak
jemanden durch den **Dreck** ziehen U	biri hakkında kötü dedikodu yapmak
s. einen **Dreck** aus etw. machen U	vız gelip tırıs gitmek
jemanden wie den letzten **Dreck** behandeln U	birine hor bakmak/birini hor görmek
jemanden einen **Dreck** angehen U	(birine) bok yemek düşmek

s. um jeden **Dreck** kümmern U	her boka karışmak
s. um den eigenen **Dreck** kümmern U	kendi işine bakmak
im **Dreck** stecken U	hali duman olmak
Dreck am Stecken haben U	kirli işlere karışmış olmak
voller **Dreck** und Speck sein U	bok götürüyor
jemandem geht es **dreckig** U	durumu çok kötü olmak
dreckig lachen S	pis pis gülmek
eine **Dreckschleuder** sein S	vgl. ‚ein loses Mundwerk haben'
nicht bis **drei** zählen können U	kara cahil olmak
jetzt schlägt's (aber) **dreizehn!** U	akan sular durur!
mit jemandem auf **du** und du sein (od. stehen)	biriyle senli benli olmak/sıkı fıkı olmak
jemandem **dumm** kommen U	birine karşı küstahlasmak
jemanden für **dumm** verkaufen U	birini aptal yerine koymak
s. nicht für **dumm** verkaufen lassen	kendini aptal yerine koydurmamak
der **Dumme** sein U	(bir işten) zararlı çıkmak
Dummerjungenstreich U	eşeklik/eşek şakası
ein **Dummkopf** sein U	mankafa olmak
im **dunkeln** tappen	kesin bilgi sahibi olmamak
jemanden im **dunkeln** lassen	birine kesin bilgi vermemek
s. **dunkel** erinnern (können)	hayal meyal hatırlamak
s. **dünn(e)** machen U	gizlice sıvışmak
jemandem blauen **Dunst** vormachen U	birine yalan yutturmak
keinen (blassen) **Dunst** von etw. haben U	bir şeyden hiç çakmamak
bei jemandem unten **durch** sein U	birinin gözünden düşmek
durch und durch	tamamen/baştan başa
jemandem **durch** und durch gehen	ciğerine işlemek/içine işlemek
jemandem etw. **durchgehen** lassen	(birinin suçuna vs.) göz yummak
einen (od. ein Glas) über den **Durst** trinken U	kafayı çekmek
wie eine kalte **Dusche** wirken	başından aşağı kaynar sular dökülmek
(einen) **Dusel** haben U, R	(çok) şanslı olmak/eşek şansı olmak

E

auf die schiefe **Ebene** geraten (od. kommen)	ahlakı bozulmak/kötü yola düşmek
jemanden um die **Ecke** bringen S	birini öbür dünyaya göndermek/tahtalı köyü boylatmak
an allen **Ecken** (und Enden)	her köşe bucakta/dört bir tarafta
(etw.) aus dem **Effeff** (beherrschen)	(bir şeyin) elenikasını (daniskasını) bilmek
jemanden bei der (od. seiner) **Ehre** packen	(birine bir şeyi) namus meselesi yapmak
mit etw. keine **Ehre** einlegen	(bir şeyde) iftihara layık olmamak
s. wie ein **Ei** dem anderen gleichen	tıpatıp benzemek/bir elmanın yarısı o, yarısı bu olmåk
wie aus dem **Ei** gepellt (aussehen)	iki dirhem bir çekirdek (gibi görümek)
das **Ei** will klüger (od. gescheiter) sein als die Henne	dün yumurtadan çıkıp bugün kabuğunu beğenmemek/dağdan gelip bağdakini kovmak
jemanden wie ein rohes **Ei** behandeln	hassas birini incitmemek için çok dikkatli davranmak
wie auf **Eiern** gehen U	gayet itinalı yürümek
s. um ungelegte **Eier** kümmern (od. über ungelegte **Eier** reden) U	dereyi görmeden paçaları sıvamak/denizdeki balığı pazarlık etmek
im **Eimer** sein S	berbat olmak/suya düşmek
jemands **ein** und alles sein	birinin canının içi (gözünün bebeği) olmak
in **einem** fort	durmaksızın, dinlenmeksizin
s. (od. jemandem) etw. **einbrocken** U	kendi (veya birinin) başına iş açmak/kendi (veya birinin) başını belaya sokmak
von s. **eingenommen** sein	kendini beğenmek
v. etw. **eingenommen** sein	bir şeye meyil vermek
jemandem (tüchtig) **einheizen** U	birini sıkıştırmak, harekete geçirmek/birine duman attırmak
einpacken können (od. müssen) U	borusu artık ötmemek/artık boy ölçüşememek
etw. **einstecken** (müssen) U	bir şeyi sineye çekmek
(k)ein **Einsehen** haben mit etw. (od. jemandem)	insafı ol(ma)mak
zur **Einsicht** kommen	ayağı suya ermek
s. **einsalzen** (od. **einsargen**) lassen (können) U	fikirleri işe yaramamak

jemanden aufs **Eis** führen	vgl. ‚jemanden aufs Glatteis führen'
etw. auf **Eis** legen	bir işi (şimdilik) oluruna bırakmak
das **Eis** brechen	buzları çözmek
das **Eis** ist gebrochen	buzlar çözüldü
ein heißes **Eisen**	nazik bir konu
ein heißes **Eisen** anfassen (od. anpacken)	zor bir işe girişmek
(noch nicht) zum alten **Eisen** gehören U	çürüğe çık(ma)mak/hurdaya çık(ma)mak
zwei (od. mehrere) **Eisen** im Feuer haben	elinde iki (veya çok) imkân bulunmak
(es ist) höchste **Eisenbahn**	vakit daraldı
(s. benehmen) wie ein **Elefant** im Porzellanladen	balta ile işe girişmek
im **Elfenbeinturm** sitzen	fildişi kulede oturmak
nicht von schlechten **Eltern** sein U	az buz olmamak/kaliteli olmak
das dicke **Ende** (kommt noch)	sonu çapanoğlu çıkmak
ein böses **Ende** nehmen	kötü sonuca ulaşmak
der rettende **Engel** sein	Hızır gibi yetişmek
die **Engel** (od. **Englein**) im Himmel singen hören	(acıdan, sevinçten vs.) kendinden geçmek
mit **Engelszungen** reden L	tatlı dilli olmak
wie vom **Erdboden** verschluckt sein	sırra kadem basmak
in den **Erdboden** versinken (wollen)	yerin dibine geçmek
etw. dem **Erdboden** gleichmachen	yerle bir etmek/taş üstünde taş ıbırakmamak
unter der **Erde** liegen	toprak altında olmak (ölmüş olmak)
jemanden unter die **Erde** bringen U	(birinin üzerek) ölümüne sebep olmak/birini mezara göndermek
s. **erkenntlich** zeigen	iyiliğe iyilikle karşılık vermek
erstklassig sein	birinci sınıf olmak
ein **Esel** in der Löwenhaut	yalancı pehlivan
mit etw. (od. damit) ist es Essig U	iş bozuldu/suya düştü
zittern wie **Espenlaub**	tir tir titremek/avcı zağarı gibi titremek
das gewisse **Etwas** haben	havalı olmak (veya havası olmak)
Eulen nach Athen tragen L	tereciye tere satmak/denize su götürmek/çay kenarında kuyu kazmak

F

keinen trockenen **Faden** (mehr) am Leib haben	sırsıklam olmak/iliklerine kadar ıslanmak/sucuk gibi olmak
den **Faden** verlieren	ipin ucunu kaçırmak
an einem seidenen (od. dünnen) **Faden** hängen	pamuk ipliğine bağlı olmak
eine **Fahne** haben	leş gibi içki kokmak
die (od. seine) **Fahne** nach dem Wind hängen	eyyamcı olmak/eyyam efendisi olmak
eine **Fahrt** ins Blaue	öylesine yola çıkmak; hedefsiz (sürpriz) seyehat
in **Fahrt** sein U	coşmak, hareketlenmek
jemandem eine **Falle** stellen	birine tuzak kurmak/birinin kuyusunu kazmak
in eine (od. jemands) **Falle** tappen (od. gehen, geraten)	tuzağa (veya birinin tuzağına) düşmek
das kommt in den besten **Familien** vor	bu kadar kusur kadı kızında da olur
in der **Familie** liegen	soya çekmek
einen guten **Fang** machen U	iyi bir vurgun vurmak
jemandem in die **Fänge** kommen (od. geraten) U	birinin tuzağına düşmek/faka basmak
Farbe bekennen U	rengini (maksadını) belli etmek
Farbe bekommen	yüzüne renk (kan) gelmek
jemandem die **Fassade** polieren S	birinin suratını çarşamba pazarına çevirmek
etw. in den schönsten (od. verlockendsten) **Farben** schildern	bir şeyi ballandıra ballandıra anlatmak
ein **Faß** ohne Boden U	dipsiz kuyu
das schlägt dem **Faß** den Boden aus (od. das bringt das **Faß** zum Überlaufen) U	bardağı taşıran son damla olmak/tepesine tüy dikmek/sabrı taşırmak
die **Fassung** verlieren	sağını solunu bilmemek/şaşkına (aptala) dönmek
wie die **Faust** aufs Auge passen U	kel başa şimşir tarak/altı kaval, üstü şişhane
die **Faust** in der Tasche ballen	aba altından deynek sallamak
mit der **Faust** auf den Tisch schlagen (od. hauen) U	yumruğunu masaya indirmek (kuvvet gösterisiyle birini korkutmak veya tehdit etmek)
s. ins **Fäustchen** lachen	sakalına gülmek/kıskıs gülmek/bıyık altından gülmek

es **faustdick** hinter den Ohren haben U	iğne deliğinden Hindistanı göstermek / malın (veya anasının) gözü olmak
einen **Fauxpas** begehen L	pot kırmak / çam devirmek / gaf yapmak / nane yemek
s. mit fremden **Federn** schmükken L	düğün pilavıyla dost ağırlamak
nicht viel (od. lange) **Federlesens** machen (mit jemandem od. etw.)	işi uzatmamak / kestirmeden gitmek
jemandem den **Fehdehandschuh** hinwerfen	birine meydan okumak
fehlen: das **fehlte** gerade noch!	bir bu eksikti! / yok canım! / daha neler!
jemanden juckt (wohl) das **Fell** U	canı sopa istemek / sırtı kaşınmak
ein dickes **Fell** haben U	vurdumduymaz olmak / yüzü kasap süngeriyle silinmiş olmak / sığır (veya manda) yürekli olmak
das **Fell** des Bären verkaufen (bevor man ihn erlegt hat)	dereyi görmeden paçaları sıvamak
jemandem das **Fell** über die Ohren ziehen U	birine kazık atmak
jemandem schwimmen die **Felle** davon U	hayal kırıklığına uğramak
jemandem auf den **Fersen** sein	birinin peşinde olmak / birini adım adım takibetmek
Fersengeld geben	tabanları kaldırmak (yağlamak)
mit etw. nicht **fertig** werden	a) aklı fikri hep aynı şeyle meşgul olmak b) işin içinden çıkamamak / baş edememek / başa çıkamamak
jemanden **fertigmachen** U	birinin canını çıkarmak
im **Fett** schwimmen	bir eli yağda bir eli balda olmak
sein **Fett** abbekommen (od. kriegen) U	başına gelecekleri görmek
ins **Fettnäpfchen** treten U	pot kırmak / çam devirmek / baltayı taşa vurmak
mit dem **Feuer** spielen	ateşle (veya barutla) oynamak
zwischen zwei **Feuer** kommen (od. geraten)	iki ateş arasında kalmak / iki arada kalmak
Feuer und Flamme für etw. (od. jemanden) sein	bir şeye can atmak / biri için yanıp tutuşmak
lange **Finger** machen U	eli uzun olmak
zehn an jedem **Finger** haben (können) U, T	elini sallasa ellisi, basını sallasa tellisi

etw. mit dem kleinen **Finger** machen	bir çırpıda yapıvermek/işi kolayca yapı vermek
seine **Finger** in etw. haben	bir işte parmağı olmak/bir işe karışmış olmak
seine (od. die) **Finger** im Spiel haben	işin içinde parmağı olmak
jemanden um den kleinen **Finger** wickeln	birini avucunun içine almak
mi dem **Finger** (od. mit **Fingern**) auf jemanden zeigen	(yaptığı bir hatadan dolayı) birini parmakla göstermek
den **Finger** am Abzug haben	saldırıya hazır olmak/parmağı tetikte olmak
die **Finger** von etw. lassen	bir sevdadan vazgeçmek
wenn man jemandem den kleinen **Finger** gibt, will er die ganze Hand	yüz bulup astarını istemek/buldukça bunamak
s. die **Finger** verbrennen U	ağzı yanmak
den (od. seinen) **Finger** auf die (od. eine offene) Wunde legen	yaraya parmak basmak
keinen **Finger** rühren für jemanden od. etw.	parmağını bile kıpırdatmamak
keinen **Finger** krumm machen für jemanden od. etw.	parmağını bile kıpırdatmamak
jemandem in die **Finger** kommen	birinin eline düşmek
jemandem auf die **Finger** sehen	birini göz hapsine almak
s. in den **Finger** schneiden U	yanılgıya düşmek
den (od. die) **Finger** auf etw. legen	bir şeye parmak basmak
es juckt jemanden in den **Fingern** U	bir şeyi yapmaya can atmak
s. etw. aus den **Fingern** saugen U	uydurmak/kafadan atmak
jemandem durch die **Finger** sehen U	göz yummak/hoş görmek
s. etw. an den fünf (od. zehn) **Fingern** abzählen können	parmakla sayılacak kadar az olmak
eine ägyptische **Finsternis**	zifiri karanlık/zindan gibi karanlık
munter (od. gesund) wie ein (od. der) **Fisch** im Wasser sein	turp gibi olmak/çakı gibi olmak
stumm wie ein **Fisch** sein	ağzı var dili yok
wie ein (od. der) **Fisch** auf dem Trockenen	karaya vurmuş balık gibi

jemanden unter seine **Fittiche** nehmen B	birine kol kanat germek
fix und fertig sein U	a) bitkin durumda olmak b) tastamam olmak
jemanden **fix** und fertig machen U	birinin canını çıkarmak/anasından emdiği sütü burnundan getirmek
flachfallen U	suya düşmek
unter falscher **Flagge** fahren (od. segeln)	yanıltıcı olmak
die **Flagge** streichen	teslim olmak
(nichts als) **Flausen** im Kopf haben U	başında kavak yelleri esmek
jemandem (große) **Flausen** in den Kopf setzen U	birinin aklını çelmek/birinin içine kurt düşürmek
nicht vom **Fleck** kommen	bir arpa boyu gidememek
s. ins eigene **Fleisch** schneiden U	belayı para ile satın almak/gâvura kızıp oruç bozmak
kein **Fleisch** mehr auf den Rippen haben	bir deri bir kemik kalmak
keiner **Fliege** etw. zuleide tun (können)	karınca bile incitmemek
s. über die **Fliege** an der Wand ärgern	kıldan nem kapmak/osuruğu cinli olmak
zwei **Fliegen** mit einer Klappe schlagen	bir taşla iki kuş vurmak
ein **Fliegengewicht** sein	sineksiklet olmak
die **Flinte** ins Korn werfen U	(hemencecik) cesareti kırmak/kuru gürültüye pabuç bırakmak
gespannt sein wie ein **Flitzbogen** U	bir şeyi merakla beklemek
jemandem einen **Floh** ins Ohr setzen U	birinin aklını çelmek/birinin aklına bir şey sokmak
die **Flöhe** husten hören	sivriakıllı olmak
die **Flügel** hängenlassen	ümidi, cesareti kırılmak
die **Flucht** ergreifen	firara kadem basmak
jemanden auf die **Folter** spannen	birini meraktan öldürmek
(nicht) in **Form** sein	formunda ol(ma)mak
(gar) keine **Frage** sein	hiç kuşkusuz, kesin olmak
etw. **frank** und frei sagen	dobra dobra söylemek
s. auf **Französisch** empfehlen (od. verabschieden)	çekip gitmek/(veda etmeden) sıvışmak
auf **Freiersfüßen** wandeln L	evlenmek niyetinde olmak, görücülüğe çıkmak

jemandem die **Fresse** polieren S	birinin suratını çarşamba pazarına çevirmek
ein gefundenes **Fressen** (für jemanden) sein U	ekmeğine yağ sürülmek
jemanden zum **Fressen** gern haben U	(birini sevgiden) çiğ çiğ yemek
dicke **Freunde** sein	araları yağ bal olmak/içtikleri su ayrı gitmemek
frischgebacken sein	çiçeği burnunda olmak
sei kein **Frosch!** U	oyun bozanlık etme
s. aufblasen wie ein **Frosch**	caka satmak/fiyaka satmak
einen **Frosch** (od. Kloß) im Hals haben	sesi kısılmak
wo s. (die) **Füchse** (od. **Fuchs** und Hase) gute Nacht sagen	kuş uçmaz kervan geçmez yerde
unter jemands **Fuchtel** stehen U	(birinin idaresinde) terbiyeli maymun gibi olmak
wie ein **Fuhrknecht** schimpfen (od. fluchen)	ağzı bozuk olmak/fırıncı küreği kadar dili olmak
es ist **fünf** vor (od. nach) zwölf (Uhr)	yumurta kapıya gelince
fünf gerade sein lassen U	kalender olmak
funkelnagelneu sein	gıcır gıcır yeni (yepyeni) olmak
funken: es hat bei jemandem gefunkt T	a) bir görüşte aşık oldu b) jeton düştü
Furore machen L	tantana yaratmak
mit dem linken **Fuß** zuerst aufgestanden sein	sol tarafından kalkmış olmak
mit einem **Fuß** im Grabe stehen	bir ayağı çukurda olmak
jemanden auf freien **Fuß** setzen	birini serbest bırakmak
jemandem auf dem **Fuß** folgen	birini adım adım takibetmek
(festen) **Fuß** fassen	tutunmak, dikiş tutturmak
auf großem **Fuß** leben	bol keseden yaşamak
auf gutem **Fuß** mit jemandem stehen	biriye arası iyi olmak
keinen **Fuß** über jemands Schwelle setzen	(birinin evinden içeri) adımını atmamak
immer (wieder) auf die **Füße** fallen	dört ayak üstüne düşmek
kalte **Füße** kriegen (od. bekommen) U	korkudan buz kesilmek
jemandem die **Füße** küssen	birine çok şürkran borcu olmak
s. auf die (od. s.) eigenen **Füße** stellen	ekonomik bağımsızlığına erişmek

auf eigenen **Füßen** stehen	ekonomik açıdan bağımsız olmak
s. jemandem zu **Füßen** werfen	birinin ayaklarına kapanmak
jemandem zu **Füßen** fallen (od. liegen)	birinin ayağına düşmek/eline eteğine sarılmak
jemanden mit **Füßen** treten	birine hor bakmak
etw. mit **Füßen** treten	bir şeyi hor görmek/bir şeyi tepmek
auf schwachen (od. tönernen) **Füßen** stehen	çürük temele dayanmak
jemandem **Fußangeln** legen	birine tuzak kurmak
vor jemandem einen **Fußfall** machen	birinin ayaklarına kapanmak
in jemands **Fußstapfen** treten	birinin izinde olmak, izinden gitmek

G

etw. in **Gang** bringen	harekete geçirmek
in **Gang** kommen	harekete geçmek
jemanden am **Gängelband** führen (od. haben)	birinin başına kel kâhya kesilmek
eine **Gänsehaut** kriegen (od. bekommen)	(korkudan vs.) tüyleri diken diken olmak
jemandem den **Garaus** machen	birine ahreti (veya tahtalı köyü) boylatmak
hinter schwedischen **Gardinen** sitzen	hapis yatmak
jemandem ins **Garn** gehen U	birinin tuzağına düşmek
das bringt e. **Gaul** (od. den stärksten **Gaul**) um U	dayanılacak şey değil
es knistert im **Gebälk** (bei jemandem) U	işleri bozulmağa yüz tutmak
jemanden (scharf) ins **Gebet** nehmen	birine söyleyecek bir çift sözü olmak
eine schwere **Geburt** sein U	göbeği çatlamak
ein **Gedächtnis** haben wie ein Sieb U	akşam yediğini sabaha unutmak (çok unutkan olmak)
auf **Gedeih** und Verderb L	ya herrü ya merrü
mit **Geduld** und Spucke (fängt man eine Mucke) U	sabreden derviş muradına ermiş
jemandem reißt die **Geduld**	sabrı taşmak
die **Geduld** verlieren	sabrı tükenmek
die **Geduld** in Person sein	sabır taşı olmak

ein **Geheimniskrämer** sein	sır küpü olmak
gehupft wie gesprungen U	ha Ali hoca, ha hoca Ali / ayvaz kasap hep bir hesap / aynı kapıya çıkmak
jemandem auf den **Geist** gehen U	birinin sinirine dokunmak
den **Geist** aufgeben U	ruhunu teslim etmek
von allen guten **Geistern** verlassen sein U	keçileri kaçırmak
ein **Geizkragen** sein	eli (çok) sıkı olmak / yağmur olsa kimsenin tarlasına yağmamak
(nicht gerade) das **Gelbe** vom Ei sein U	ahım şahım ol(ma)mak
Geld und Gut	mal mülk
Geld machen U	para yapmak
Geld scheffeln U	para kırmak / yükünü tutturmak
Geld wie Heu (od. Dreck) haben U	paraya para dememek / para babası olmak / denizde kum onda para
im **Geld** schwimmen (od. fast ersticken) U	vgl. ‚Geld wie Heu haben'
auf seinem **Geld** sitzen U	düğüm üstüne düğüm atmak
das (od. sein) **Geld** auf die Straße werfen	parayı sokağa atmak / har vurup harman savurmak
das (od. sein) **Geld** zum Fenster hinauswerfen (od. mit **Geld** um sich werfen)	vgl. ‚das Geld auf die Straße werfen'
zu **Geld** kommen	eli para görmek / biti kanlanmak
die **Gelegenheit** beim Schopf packen	fırsat bu fırsattır demek
junges **Gemüse** U	çoluk çocuk
jemandem im **Genick** sitzen	birinin ensesinde boza pişirmek
aufs **Geratewohl**	rasgele / gelişigüzel
ins **Gerede** kommen	ağıza düşmek / dile düşmek / alemin ağzına sakız olmak
ein (kleiner) **Gernegroß** sein	büyüklük taslamak
ein **Geschenk** des Himmels sein L	gökte ararken yerde bulmak
Geschichten machen	halt yemek / nane yemek
s. ins **Geschirr** legen	canını dişine takmak
Geschmackssache sein	zevk meselesi
viel **Geschrei** und wenig Wolle R	dağ doğura doğura fare doğurdu
ein **Geschwür** aufstechen B	çıban başı deşmek
jemandem wie aus dem **Gesicht** geschnitten sein	hınk demiş burnundan düşmüş

ein **Gesicht** machen (od. schneiden, ziehen)	suratını ekşitmek/yüzünü buruşturmak
sein wahres **Gesicht** (nicht) zeigen	rengini belli et(me)mek
sein **Gesicht** wahren	zevahiri kurtarmak
sein **Gesicht** verlieren	itibardan düşmek
über das ganze **Gesicht** strahlen	ağzı kulaklarına varmak
ein langes **Gesicht** machen U	suratını asmak
ein **Gesicht** wie drei (od. sieben) Tage Regenwetter machen U	suratından düşen bin parça olmak
ein **Gesicht** wie Milch und Blut haben	yanağından kan damlamak
jemandem ins **Gesicht** lachen	birinin burnuna gülmek
jemandem nicht ins **Gesicht** sehen können	(utancından) birinin yüzüne bakamamak
jemandem etw. glatt ins **Gesicht** sagen	yüzüne karşı (dobra dobra) söylemek
nicht von **gestern** sein U	sakalını değirmende ağırtmamış olmak
s. **gesundmachen** (od. **-stoßen**) U	(kirli yollardan) para kırmak
s. in der **Gewalt** haben	kendine hakim olmak
Gewehr bei Fuß stehen	tetikte olmak
ein gutes (schlechtes) **Gewissen** haben	vicdanı rahat ol(ma)mak/gönlü rahat ol(ma)mak
mit gutem **Gewissen** (od. guten **Gewissens**)	gönül rahatlığı ile/huzur içinde
jemanden (od. etw.) auf dem **Gewissen** haben U	(biri veya bir şey için yaptığı kötülük) içine dert olmak
Gewissensbisse haben	vicdan azabı çekmek
auf etw. **Gift** nehmen (können) U	kalıbını basmak
Gift und Galle speien (od. spukken) U	ateş püskürmek
das ist doch der **Gipfel**! U	bu kadarı da fazla!
jemanden mit **Glacéhandschuhen** anfassen	birine çok yumuşak davranmak
mit **Glanz** und Gloria L	debdebeli, şaşaalı
zu tief ins **Glas** schauen U	çakırkeyif olmak/kafayı bulmak
jemanden auf(s) **Glatteis** führen	birini faka bastırmak
dran **glauben** müssen U	ocağı sönmek; tahtalı köyü boylamak
Gleiches mit Gleichem vergelten	acısını çıkarmak

etw. an die große **Glocke** hängen U	defe koymak/yedi mahalleye duyurmak
(kein) **Glück** haben	şansı açık ol(ma)mak/bahtı açık ol(ma)mak
jemandem **Glück** bringen	birine uğur getirmek
auf gut **Glück**	rasgele, gelişigüzel
zum **Glück**	Allahtan
sein **Glück** mit Füßen treten	kısmetini ayağıyla tepmek/nimetine hor bakmak
ein **Glückspilz** sein	şanslı (veya talihli) olmak
Gold in der Kehle haben	altın sesli olmak
treu wie **Gold** sein	vefakâr olmak
mit **Gold** nicht zu bezahlen (od. nicht aufzuwiegen) sein	paha biçilmeyecek kadar değerli olmak
s. (od. etw.) mit **Gold** aufwiegen (lassen)	ağırlığınca altın istemek
s. einen **Goldfisch** angeln U	yağlı kuyruk bulmak/iyi bir parti vurmak
ein **Goldstück** (von einem Menschen)	evliya gibi insan
etw. (od. jedes Wort od. seine Worte) auf die **Goldwaage** legen	söylediği her sözü tartarak konuşmak
den lieben **Gott** einen guten Mann sein lassen	ekmek elden su gölden yaşamak
wie ihn (od. sie) **Gott** geschaffen (od. erschaffen) hat	anadan doğma/çırılçıplak
wie **Gott** in Frankreich leben	mirasyediler gibi yaşamak
verschwiegen sein wie das **Grab**	ağzı sıkı olmak
s. selbst sein (od. sein eigenes) **Grab** schaufeln U	kendi kuyusunu kendi kazmak
jemanden ins **Grab** bringen U	birinin başını yemek/birine ahreti boylatmak
in den **Graben** gehen U	ters gitmek/sarpa sarmak
auf **Granit** beißen U	diş geçirememek
ins **Gras** beißen S	nalları dikmek/cızlamı çekmek
das **Gras** wachsen hören U	sivriakıllı olmak
über etw. ist **Gras** gewachsen U	bıldır geçen turnalar (çoktan unutulmuş olmak)
wo jemand hinhaut, da wächst kein **Gras** mehr U	vurduğu yeri kırmak
über etw. **Gras** wachsen lassen U	zamanla (üzücü) birşeyi unutmaya çalışmak

keine **Grenzen** kennen	had hudut bilmemek / fartası furtası olmamak
etw. im **Griff** haben	bir şeyin püf noktasını bilmek
einen guten **Griff** tun	turnayı gözünden vurmak
Grillen fangen	arpacı kumrusu gibi düşünmek
Grillen im Kopf haben U	başında kavak yelleri esmek
der **Groschen** ist gefallen	jeton düştü
keinen **Groschen** wert sein	beş para etmemek
groß und klein	irili ufaklı
das kannst du deiner **Großmutter** erzählen	sen onu benim külahıma anlat
jemandem eine **Grube** graben	birinin kuyusunu kazmak
jemandem nicht **grün** sein U	araları şeker renk olmak
jemanden **grün** und blau schlagen U	birini döverek pastırmasını çıkarmak / eşek sudan gelinceye kadar dövmek
(grün und) gelb werden (vor Neid) U	(kıskançlıktan) sararmak (veya morarmak)
einer Sache auf den **Grund** gehen	bir işin sırrına varmak
jemanden od. etw. in **Grund** und Boden verdammen	yerin dibine geçirmek / paçavrasını çıkarmak
s. in **Grund** und Boden schämen	(utancından) yerin dibine geçmek
jemandem an die **Gurgel** fahren U	birinin gırtlağına sarılmak
den (od. seinen) **Gürtel** enger schnallen (müssen)	kemerleri sıkmak
gut lachen haben	işi tıkırında olmak / tuzu kuru olmak
des **Guten** zu viel tun	vur deyince öldür demek

H

jemandem kein **Haar** krümmen	birinin kılına bile dokunmamak / burnunu bile kanatmamak
um ein **Haar**	kıl payı
aufs **Haar** (genau)	kıl şaşmadan
kein gutes **Haar** an jemandem lassen U	birinin maşayla tutulacak yerini bırakmamak (son derece kötülemek)
ein **Haar** in der Suppe U	bit yeniği
ein **Haar** in der Suppe finden U	her şeyde bir kusur bulmak
etw. hängt an einem **Haar**	kıl üstünde durmak / pamuk ipliği bağlı olmak

Haare auf den Zähnen haben U	eli maşalı (veya bayraklı) olmak
jemandem stehen die **Haare** zu Berge (od. sträuben s. die **Haare**)	tüyleri diken diken olmak
Haare spalten	kılı kırk yarmak / ince eleyip sık dokumak
(bei etw.) **Haare** lassen müssen	bir şeyden zararlı çıkmak
s. wegen (od. über) etw. (keine) grauen **Haare** wachsen lassen U	bir şeyi kendine dert et(me)mek
s. die **Haare** ausraufen (wollen) U	saçını başını yolmak
s. in die **Haare** geraten (od. s. in den **Haaren** liegen) U	saç saça baş başa gelmek
etw. an den **Haaren** herbeiziehen U	zorlama bir gerekçe bulmaya çalışmak
um **Haaresbreite** (entgehen)	kıl payı kurtulmak
(etw.) **haargenau** (tun, erzählen usw.)	(bir şeyi) tıpatıpına (yapmak, anlatmak vs.)
Hab und Gut	mal mülk
Hackfleisch aus jemandem machen S	birini (döve döve) pestilini çıkarmak / birini hallaç pamuğu gibi atmak
in den **Hafen** der Ehe einlaufen (od. im **Hafen** der Ehe landen)	dünya evine girmek
jemanden sticht der **Hafer** U	(birine) rahat batmak
danach kräht kein **Hahn** U	esamesi okunmamak
(der) **Hahn** im Korb (sein)	gözbebeği olmak (veya: kadınlar arasında tek erkek olmak)
beim ersten **Hahnenschrei** (aufstehen usw.)	sabah sabah / şafakla / karga bokunu yemeden / sabahın köründe
einen **Haken** haben	işin içinde bit yeniği olmak / sonu çapanoğlu çıkmak
jemandem bleibt etw. im **Hals** stecken	boğazında kalmak
einen langen **Hals** machen	boynunu uzatmak
jemandem den **Hals** brechen U	birinin ocağını söndürmek / birini rezil rüsvay etmek
Hals über Kopf U	alat acele / palas pandıras / apar topar
etw. (od. jemanden) am **Hals** haben U	başında (veya biri başına) dert olmak
bis an den (od. über den) **Hals** in Schulden stecken U	gırtlağa kadar borç içinde olmak
aus vollem **Hals(e)** (schreien)	cıyak cıyak / bangır bangır / direk direk (bağırmak)

seinen **Hals** in der Schlinge haben	hayatı tehlikede olmak
seinen **Hals** aus der Schlinge ziehen	canını kurtarmak/paçasını kurtarmak
den **Hals** nicht voll (genug) kriegen (können) U	doymak bilmemek/aç gözlü olmak
s. jemanden (od. etw.) vom **Halse** schaffen U	(birinden veya bir şeyden) yakasını (veya paçasını) kurtarmak
etw. hängt jemandem zum **Hals(e)** heraus U	canına yetmek/kabak tadı vermek/gına getirmek
etw. steht jemandem bis zum (od. an den) **Hals** U	vgl. ‚etw. hängt jemandem zum Halse heraus'
etw. bricht jemandem (nicht) den **Hals**	(bir şey birinin) istikbaline mani ol(ma)mak
Hals- und Beinbruch ! U	bol sanslar !/şansın(ız) açık olsun !
s. jemandem an den **Hals** werfen U	birinin boynuna atlamak
jemandem vom **Hals** bleiben U	birinin yanına yaklaşmamak/birinden bucak bucak kaçmak
jemandem die **Hammelbeine** langziehen U R	birine çıkışmak/birini haşlamak/birinin ağzının payını vermek
das ist ein **Hammer** ! U, R	vay canına !
ich denke, mein **Hamster** bohnert R	eşekten düşmüş karpuza döndüm
Hand aufs Herz !	elini vicdanına koy !
Hand und Fuß haben	ipe sapa gelmek/başı sonu belli olmak
unter der **Hand**	el altından
zwei linke **Hände** haben U	eteğiyle mum söndürmek (çok beceriksiz olmak)
etw. (od. jemanden) fest in der **Hand** haben	(bir şey veya biri) avucunun içinde olmak
etw. liegt (ganz) in jemands **Hand**	(bir şey birinin) elinde olmak
keine **Hand** rühren	kılını bile kıpırdatmamak/elini bile sürmemek
jemandem in die **Hände** fallen U	birinin eline düşmek
etw. (selbst) in die **Hand** nehmen	bir işi ele almak
etw. aus erster **Hand** haben (od. wissen)	bir şeyi ilk elden (veya: bir haberi) kaynağından bilmek (öğrenmek vs.)
jemandem an die **Hand** gehen	birine destek olmak
Hand in Hand mit jemandem (arbeiten)	biriyle el ele (verip) (çalışmak)

seine **Hand** von jemandem abziehen L	birinden ilgisini (veya yardımını vs.) kesmek
freie **Hand** haben	hareketlerinde serbest olmak
von **Hand** zu Hand gehen	elden ele dolaşmak
in festen **Händen** sein	başı bağlı (veya baş göz edilmiş) olmak
s. mit **Händen** und Füßen gegen etw. wehren (od. sträuben)	(bir şeyden kurtulmak için) elinden geleni yapmak / elinden geleni ardına koymamak
mit leeren **Händen** (an)kommen (od. dastehen)	a) eli boş gelmek b) bir yerden başarı elde edemeden dönmek
s. die **Hände** reiben U	ellerini ovuşturmak
s. die **Hände** in Unschuld waschen B	günah benden gitti demek
das **Handtuch** werfen U	ümidi kesmek / pes etmek
im **Handumdrehen** U	el çabukluğu ile / kaşla göz arasında
(s. auf) sein **Handwerk** verstehen	işinin ustası (veya erbabı) olmak
jemandem ins **Handwerk** pfuschen	elinin hamuruyla başkasının işine karışmak
jemandem das **Handwerk** legen	birinin kötü işlerinin önünü almak
ich will mich **hängen** lassen, wenn ... U	anam avradım olsun ki ...
an jemandem (od. etw.) **hängen**	birine (veya bir şeye) bağlı olmak
etw. in der **Hand** haben	elinde sağlam bir şey olmak
gegen jemanden etw. in der **Hand** haben	birine karşı elinde koz olmak
jemandem sind die **Hände** (od. **Hände** und Füße) gebunden	eli kolu bağlı olmak
die (od. seine) **Hand** auf etw. legen	bir şeye el koymak
die **Hand** (od. seine **Hand**, od. die **Hände**) bei etw. im Spiel haben U	bir işin içinde parmağı olmak
von der **Hand** in den Mund leben U	akşamdan kavur, sabaha savur
die (od. seine) **Hände** in den Schoß legen	elim elim üstünde oturmak
nicht (mehr) die **Hand** vor den Augen sehen (können) U	göz gözü görmemek
um jemands **Hand** anhalten L	birine evlenme teklif etmek

s. eher die (rechte) **Hand** abhacken lassen, als ... zu tun	kafasını kesseler dahi bir şeyi yapmamak
s. für jemanden (od. etw.) die (rechte) **Hand** abhacken lassen (wollen)	(biri veya bir şey için) kalıbını basmak / elini kesmek / elini ateşe sokmak
für jemanden (od. etw.) die (rechte) **Hand** ins Feuer legen	vgl. ‚s. die Hand abhacken lassen'
alle **Hände** voll zu tun haben	işi başından aşkın olmak / başını kaşıyacak vakti olmamak
auf der **Hand** liegen	hesap meydanda olmak
in die **Hände** spucken U	kolları sıvamak / işe girişmek
jemanden auf **Händen** tragen	birini el üstünde tutmak / bir dediğini iki etmemek / kuş sütüyle beslemek / birini baş tacı etmek
jemandem aus der **Hand** fressen U	birinin yanında kuzu gibi olmak
eine offene **Hand** haben	eli açık olmak
jemands rechte **Hand** sein	birinin sağ kolu olmak
die **Hand** aufhalten	avuç açmak
von langer **Hand** vorbereitet sein	uzun zamandan beri hazırlanmış olmak
Hand anlegen müssen	bir işe el atmak
etw. aus der **Hand** geben	bir şeyi elden çıkarmak
etw. bei der (od. zur) **Hand** haben	(bir şey) elinin altında olmak
mit **Hängen** und Würgen U	zar zor / bata çıka / ıkına sıkına
jemanden **hängenlassen** U	birinin işini yarım bırakmak (veya asmak)
ein **Hansdampf** in allen Gassen sein U, R	bin tarakta bezi olmak / kırk kapının mandalı olmak / her havadan çalmak / her taşın altından çıkmak
den **Hanswurst** spielen	soytarılık (vela maskaralık) etmek
ein alter **Hase** sein U	kaçın kurrası olmak
kein heuriger **Hase** (mehr) (sein) U	acemi çaylak olmamak
da liegt der **Hase** im Pfeffer U	işin püf noktası burada
ein **Hasenfuß** sein U	tavşan yürekli olmak / yürek Selanik olmak
ein **Hasenherz** haben	vgl. ‚ein Hasenfuß sein'
das **Hasenpanier** ergreifen	topukları (veya pabuçları) ensesini dövmek
nicht **hasenrein** sein U	şüpheli (veya karanlık) bir iş olmak
jemanden unter die **Haube** bringen	birini başgöz etmek

auf **Hauen und** Stechen mit jemandem stehen	biriyle kanlı bıcaklı olmak
wie ein **Häufchen** Elend (od. Unglück) (dasitzen)	kıvrım kıvrım kıvranmak / süklüm püklüm olmak / cesareti kırılmış olmak
in hellen **Haufen**	tümen tümen / ordu gibi
jemanden über den **Haufen** rennen U	birini düşürüp yere sermek
etw. über den **Haufen** werfen U	altüst etmek
jemandem das **Haus** einlaufen (od. einrennen) U	birinin eşiğini (veya kapısını) aşındırmak
das **Haus** auf den Kopf stellen U	evin altını üstüne getirmek / ortalığı altüst etmek / karman çorman etmek / allak bullak etmek
ein offenes **Haus** haben (od. führen)	kapısı herkese açık olmak
ins **Haus** stehen	kapıya dayanmak (bir şeyin arifesinde almak)
jemandem ins **Haus** platzen (od. fallen, od. schneien) U	çat kapı gelivermek
(ganz) aus dem **Häuschen** geraten (od. sein) U	dinden imandan çıkmak / çileden çıkmak / zıvanadan çıkmak
s. **häuslich** niederlassen	postu sermak
nicht als (od. nur noch) **Haut** und Knochen sein U	bir deri bir kemik kalmak / kuş kadar kalmak / tazıya dönmek / iğne iplik olmak / çiroza dönmek / hayal i fener olmak
bis auf die **Haut** naß werden	iliklerine kadar ıslanmak / sucuk gibi olmak / sırılsıklam olmak
aus der **Haut** fahren U	dinden imandan çıkmak / çileden çıkmak / zıvanadan çıkmak
s. seiner **Haut** wehren	postu ucuza vermemek
seine **Haut** zu Markte tragen	kelleyi koltuğa almak
seine **Haut** teuer verkaufen	kendini pahalı satmak
(nicht) aus seiner **Haut** herauskönnen	alışkanlıklarını bırak(ama)mak
ich möchte nicht in seiner **Haut** stecken	onun yerinde olmak istemem
mit heiler **Haut** davonkommen	ucuz kurtulmak
s. auf die faule **Haut** legen U	minder çürütmek / ense yapmak
(jemanden) mit **Haut** und Haaren (verschlingen)	birini çiğ çiğ yemek / bir kaşık suda boğmak
alle **Hebel** in Bewegung setzen	elinden geleni yapmak / elinden geleni ardına koymamak

eine **Heidenarbeit**	deli pösteki sayar gibi
sein **Heil** in der Flucht suchen	tabanları kaldırmak (veya yağlamak)
jemandem etw. **heimzahlen**	acısını çıkarmak / intikam almak / bir şeyi birinin yanına bırakmamak
laß dich **heimgeigen** ! U	çek arabanı !
zu **heiß** gebadet (worden) sein U	kaçık olmak
jemanden bis aufs (letzte) **Hemd** ausziehen (od. ausplündern) U	birini soyup soğana çevirmek / Arafat'ta soyulmuş hacıya döndürmek
nur mehr (od. nichts als) das **Hemd** auf dem Leibe haben	kuru tahtada kalmak
herausfahren: es ist mir nur so herausgefahren (od. -gerutscht)	ağzımdan kaçtı
(auf jemanden) **hereinfallen** U	faka basmak / oyuna gelmek / kazıklanmak
hereingeschneit kommen (od. **hereinschneien**) U	çat kapı gelivermek
jemanden **hereinlegen** U	birini faka bastırmak / kafese koymak / kazıklamak / birine kazık atmak
wie die **Heringe** in der Tonne	balık istifi gibi / tıka basa dolu / hıncahınç dolu / tıklım tıklım
(der) **Herr** im Hause sein	dizginler elinde olmak / dediği dedik olmak
sein eigener **Herr** sein	başına buyruk olmak
(nicht mehr) **Herr** über s. sein	kendine hakim ol(ama)mak
(nicht mehr) **Herr** seiner Sinne sein	kendine malik ol(ama)mak
einer Sache **Herr** werden	bir şeyin hakkından (veya üstesinden) gelmek
aus aller **Herren** Länder L	yedi iklim dört bucaktan
in aller **Herrgottsfrühe** U	sabah sabah / şafakla / sabahın köründe
darum (od. drum, od. um etw.) **herumreden**	lafı gevelemek / lafın turşusunu kurmak / ağız yapmak
das **Herz** fällt (od. rutscht) jemandem in die Hose(n) (od. hat sein **Herz** in der Hose) U	(korkudan) kalbi ağzına gelmek / donuna doldurmak
das **Herz** steht jemandem still (vor Schreck, Aufregung usw.)	(korkudan, heyecandan vs.) kalbi durmak / kalbi ağzına gelmek
jemandem lacht (od. hüpft) das **Herz** im Leibe L	içi açılmak

jemandem blutet (od. bricht) das **Herz** L	yüreği kan bağlamak / yüreği (veya içi) cız etmek
von **Herzen** kommen	içinden gelmek
jemanden ans **Herz** drücken	birini bağrına basmak
sein **Herz** verlieren (an jemandem) (od. sein **Herz** verschenken)	birine gönül vermek (veya gönül bağlamak)
sein **Herz** an etw. (od. an jemanden) hängen	bir şeyde veya birinde gönlü olmak
etw. (nicht) übers **Herz** bringen	bir şeyi içi götür(me)mek / bir şeye gönlü el ver(me)mek
seinem **Herzen** Luft machen	derdini dökmek / yüreğini boşaltmak
ein **Herz** und eine Seele sein	aralarından su sızmamak / yağlım ballım olmak / içli dışlı olmak / göbekleri beraber kesilmiş olmak
es zerreißt jemandem das **Herz**	kalbi (veya yüreği) parça parça olmak
ein weiches **Herz** haben	yufka yürekli olmak
das (od. sein) **Herz** auf der Zunge haben (od. tragen)	lafını sözünü sakınmamak
jemandem das (od. sein) **Herz** ausschütten	birine içini dökmek
ein **Herz** aus (od. von) Stein haben	taş kalpli olmak
ein **Herz** aus Gold haben	altın kalpli olmak
s. ein **Herz** fassen	cesaret kazanmak
das **Herz** auf dem rechten Fleck haben	özü sözü doğru olmak
alles, was das **Herz** begehrt	canını çektiği her şey
jemandem etw. ans **Herz** legen	birine bir şeyi hararetle tavsiye etmek
sein **Herz** in die Hand nehmen	vgl. ‚s. ein Herz fassen‘
jemandem (sehr) zu **Herzen** gehen	birinin içine işlemek / birinin yüreğini (veya içini, veya kalbini) dağlamak
s. etw. aus dem **Herzen** reißen	bir şeyi gözden çıkarmak
etw. auf dem **Herzen** haben	dilinin altında (bir) bakla olmak
jemanden (bis) ins **Herz** treffen	birinin kalbini kırmak
einen Stich im **Herzen** fühlen	içi sızlamak / burnunun direği sızlamak
s. etw. (nicht) zu **Herzen** nehmen	bir şeyi ciddiye al(ma)mak
etw. geht jemandem zu **Herzen**	bir şeyin acısı içine çökmek
jemands **Herzblatt** sein	birinin gözbebeği (veya canını içi) olmak
nach **Herzenslust** (etw. tun) L	canının istediğ şeyi yapmak
unter **Heulen** und Zähneklappern (etw. tun) B	(ümitsizlik, korku vs. ile) kıvranarak ve titreyerek (bir şeyi yapmak)

eine **Heulsuse** sein U	sulugözlü olmak
von **heute** auf morgen	apansızın
Himmel und Hölle in Bewegung setzen	yeri göğü yerinden oynatmak/elinden geleni ardına koymamak
der **Himmel** hängt jemandem voller Geigen L	dünyayı tozpembe görmek
im siebten **Himmel** sein (od. s. wie im siebten **Himmel** fühlen)	(sevinçten vs.) başı göğe ermek/ayakları yere değmemek
aus heiterem **Himmel**	damdan düşer gibi/durup dururken/pattadak
etw. od. jemanden in den **Himmel** loben	birini överek göklere çıkarmak
aus allen **Himmeln** fallen U	şaşa kalmak/şaşkınlıktan dona kalmak
jemandem wird **himmelangst** U	korkudan ödü kopmak/üç buçuk atmak
s. auf die **Hinterbeine** (od. **-füße**) stellen U	direnç (mukavemet) göstermek
jemandem in den **Hintern** treten U	birinin kıçına tekme atmak
s. auf den **Hintern** setzen U	kıç(ının) üstü(ne) oturmak
jemandem in den **Hintern** kriechen S	çanak yalamak/(aşırı) yağcılık etmek
hirnverbrannt sein U	zır deli olmak
jemanden **hochkantig** hinauswerfen U	birini kapı dışarı etmek/bohçasını koltuğuna vermek
jemandem den **Hof** machen L	birine kur yapmak
geh zur **Hölle**! (od. zur **Hölle** mit dir!)	cehennem ol!/canın cehenneme!/cehenneme kadar yolun var
jemandem die **Hölle** heiß machen	birinin çarkına okumak/birine dünyayı zindan etmek/kan kusturmak
aus demselben (od. dem gleichen) **Holz** geschnitzt sein	aynı hamurdan yoğrulmuş olmak
auf dem **Holzweg** sein U	yanlış yolda olmak/yanılgıya düşmek
jemandem **Honig** um den Mund (od. ums Maul) schmieren U	birinin ağzına bir parmak bal çalmak
strahlen wie ein **Honigkuchenpferd** R	pişmiş kelle gibi sırıtmak
bei jemandem ist **Hopfen** und Malz verloren U	artık adam olmaz/artık yola gelmez
(lang wie) eine **Hopfenstange** sein	fasulye sırığı gibi olmak/leylek gibi olmak
in jemands **Horn** blasen (od. in das gleiche **Horn** blasen, od. tuten, od. stoßen) (wie jemand)	ağız birliği etmek

jemandem **Hörner** aufsetzen U	birine boynuz takmak
ein **Hornochse** sein U	enayi dümbeleği olmak / eşek oğle eşek olmak
die **Hosen** anhaben U	(aile hayatında) dizginler elinde olmak
die **Hosen** vollhaben U	(korkudan) paçalarına (veya donuna) doldurmak
jemandem die **Hosen** stramm-ziehen U, R	birine dayak (veya kötek) atmak
s. (vor Angst) in die **Hose**(n) machen U	(korkudan) donuna doldurmak
s. auf den **Hosenboden** set-zen U	çalışıp didinmek
ein verrücktes **Huhn** U	deli Raziye
ein **Hühnchen** mit jemandem zu rupfen haben U	biriyle görülecek hesabı olmak
wie die **Hühner** auf der Stange	Sebilhane bardağı gibi / Menemen bardağı gibi / Medine fukarası gibi
beschissen wie eine **Hühner-leiter** S, R	bombok
mit den **Hühnern** schlafen (od. zu Bett) gehen U	tavuklar gibi erken yatmak
mit den **Hühnern** (aufstehen usw.) U	sabah sabah / şafakla / sabahın köründe
jemandem auf die **Hühner-augen** treten U	birinin damarına (veya bamteline) basmak
in **Hülle** und Fülle	ibadullah / sürüsüne bereket
Hummeln in den Hosen haben S	diken üstünde oturmak
wie **Hund** und Katze (leben)	kedi köpek gibi hırlaşmak / kanlı bıçaklı olmak
da liegt der **Hund** begraben! U	işin püf noktası bu
auf den **Hund** kommen U	a) kuvvetten düşmek b) ocağı sönmek
jemanden auf den **Hund** bringen	birinin ocağını söndürmek
schlafende **Hunde** wecken	uyuyan yılanı uyandırmak (veya uyuyan yılanın kuyruğuna basmak)
s. anstellen wie ein (od. der) **Hund** zum Eierlegen U, R	salaklık etmek
da wird doch der **Hund** in der Pfanne verrückt! U, R	bu iş insanı çıldırtır !
vor die **Hunde** gehen U	telef olmak
ein dicker **Hund** ! U	vay canına ! / vay anasına !
mit allen **Hunden** gehetzt sein	feleğin çemberinden geçmiş olmak / anasının gözü olmak

s. **hundeelend** fühlen	bitkin olmak
Hundekälte U	zehir gibi soğuk
ein **Hundeleben** führen U	sefalet içinde yaşamak
hundemüde sein U	yorgunluktan her tarafı kırılmak
auf **hundert** kommen U	küplere binmek
vom **Hundertsten** ins Tausendste kommen	(bir konuşmada) daldan dala atlamak
hundsmiserabel (sein)	bombok olmak
am **Hungertuch** nagen L	açlıktan nefesi kokmak
unter einen **Hut** bringen U	iki ucunu bir araya getirmek
den (od. seinen) **Hut** (vor jemandem) ziehen	(birine) hürmet göstermek
seinen **Hut** nehmen	işinden (veya vazifesinen) ayrılmak
das kannst du dir an den **Hut** stecken U	havada bulut, sen onu unut
s. etw. an den **Hut** stecken (können) U	buza yazmak/üstüne fatiha okumak
auf der **Hut** (vor etw. od. jemandem) sein	tetikte olmak
jemandem geht etw. über die **Hutschnur** U	canına tak demek

I, J

bis aufs **I-Tüpfelchen** (genau)	elifi elifine
Jacke wie Hose sein U	ha Ali hoca, ha hoca Ali/ayvaz kasap, hep bir hesap/aynık kapıya çıkmak
jemandem die **Jacke** voll lügen U	martaval okumak/kurt masalı okumak/palavra atmak
in die ewigen **Jagdgründe** eingehen L	nalları dikmek/cızlamı çekmek/tahtalı köyü boylamak
seit **Jahr** und Tag	çoktan beri
jemanden ins **Jenseits** befördern	birine ahreti boylatmak/birini tahtalı köye göndermek
(k)ein **Jota**	eksiği gediği ol(ma)mak
alle **Jubeljahre** U	kırk yılda bir
ein grüner **Junge** sein U	ağzı süt kokmak
zum **Jungehundekriegen** (sein) U, R	inanılacak şey olmamak
ein eingefleischter **Junggeselle**	müzmin bekâr

K

im goldenen **Käfig** leben L	altn kafeste (bülbül) olmak
um des **Kaisers** Bart streiten	fındık kabuğunu (veya incir çekirdeğini doldurmayan) sebepten kavga etmek
jemanden durch den **Kakao** ziehen U	birini diline dolamak / defe (veya tefe) koymak
jemanden **kalt lassen** U	birini lakayt bırakmak / bir şeye karşı lakayıt kalmak
jemanden **kaltmachen** S	birinin canına kıymak / birine tahtalı köyü boylatmak
jemanden **kaltstellen**	birinin canına kıymak / birine tahtalı köyü boylatmak
jemanden **kaltstellen**	birini afaroz etmek
alles über einen **Kamm** scheren	fark gözetmemek
jemandem schwillt der **Kamm**	a) cinleri tepesine (veya başına) çıkmak b) kibirinden yanına yaklaşılmamak
jemanden an die **Kandare** nehmen	birinin gemini kısmak (daha sıkı disiplin göstermek)
eine **Kanone** sein U	(bir konuda) otorite olmak / bir işin ehli olmak
unter aller **Kanone** sein U	iler tutar yeri olmamak
mit **Kanonen** auf Spatzen schießen	hiçten büyük mesele çıkarmak
etw. auf die hohe **Kante** legen	bir kenara para ayırmak
etw. auf seine **Kappe** nehmen	üstüne sorumluluk yüklenmek
die **Karre** (od. der **Karren**) ist verfahren	çıkmaza girmek
die **Karre** einfach laufen lassen	işi oluruna bırakmak
die **Karre** (od. den **Karren** für jemanden) aus dem Dreck ziehen U	birini müşkül durumdan kurtarmak / birinin bokunu temizlemek
die **Karre** (od. den **Karren**) in den Dreck fahren U	bir işi yüzüne gözüne bulaştırmak
seine **Karten** aufdecken	maksadını açıklamak (veya açığa vurmak)
alles auf eine **Karte** setzen	(bir şeyi elde edebilmek için) her şeyi göze almak
mit offenen **Karten** spielen	açık ve hilesiz hareket etmek
Das ist alles **Käse** ! S	gevezelik / saçma sapan söz !
knapp bei **Kasse** sein	eli darda olmak

die **Kastanien** (für jemanden) aus dem Feuer holen	birinin (zor, pis vs.) işlerini yüklenmek/birinin angarya işini yapmak
die **Katze** im Sack kaufen U	kör alıcı olmak (bir şeyi görmeden satın almak)
mit jemandem **Katz** und Maus spielen U	birini boş yere oyalamak
um etw. herumschleichen wie die **Katze** um den heißen Brei	bir şeye yanaşma cesaretini bulamamak
eine **Katze** fällt immer auf die Pfoten (od. Füße)	kedi hep dört ayak üstüne düşer
die **Katze** aus dem Sack lassen U	baklayı ağzından çıkarmak
das ist (od. es ist alles) für die **Katz** U	pisi pisine/beyhude
(vor jemandem) **katzbuckeln** U	etek (veya el etek) opmek
bis (od. zu) ... ist nur ein **Katzensprung**	burnunun dibinde olmak/komşu kapısı olmak
etw. in **Kauf** nehmen	bir şeye katlanmak
dafür kann ich mir nichts **kaufen** U	kaç para eder?/artık çok geç !
den werde ich mir mal **kaufen** ! U	ben ona gününü (veya dünyanın kaç bucak olduğunu) gösteririm/ben onun yaptıkarını burnundan (fitil fitil) getireceğim!
s. die **Kehle** aus dem Hals schreien (od. brüllen)	bangır bangır (veya direk direk, veya cıyak cıyak) bağırmak
die **Kehrseite** der Medaille L	madalyonun öbür yüzü
einen guten **Kern** haben	karakter sahibi olmak
kerzengerade (dastehen)	dimdik durmak/baston yutmuş gibi durmak
das **Kind** mit dem Bad(e) ausschütten U	pire için yorgan yakmak
mit **Kind** und Kegel	çoluk çocuk/cumbur cemaat
ein **Kind** seiner Zeit sein	zamane çocuğu olmak
als **Kind** zu heiß gebadet worden sein U	kaçık olmak/zıpır olmak/zır deli olmak
ein **Kind** des Todes sein L	ölüme mahkûm olmak/eceli yaklaşmış olmak
das **Kind** beim (rechten) Namen nennen	sözünü (veya lafını) esirgememek
kinderleicht sein	çocuk oyuncağı (gibi kolay) olmak
(noch) in den **Kinderschuhen** stecken	(daha) işin başlangıcında olmak

aus den **Kinderschuhen** heraus sein (od. die **Kinderschuhe** ausziehen)	çocukluk çağından çıkmış olmak
das ist (k)ein **Kinderspiel**	çocuk oyuncağı ol(ma)mak
eine gute **Kinderstube** haben	terbiyeli olmak
keine **Kinderstube** haben	terbiyesiz olmak
ein **Kindskopf** sein U	koca bebek olmak
die **Kirche** im Dorf lassen	pireyi deve yapmamak
arm wie eine **Kirchenmaus** sein	açlıktan nefesi kokmak / ip üzengi tahta kılıç olmak
mit jemandem ist nicht gut **Kirschen** essen R	şakası olmamak
Kirschen in Nachbars Garten L	komşunun tavuğu . . .
klamm sein U	darda bulunmak
einen guten **Klang** haben	iyi isim yapmış olmak
halt die **Klappe** ! U	çeneni tut !
etw. ist **Klasse** U	birinci sınıf olmak / şahane olmak / ekstra ekstra olmak
Klatsch und Tratsch	dedikodu
Klatsch verbreiten	söz taşımak / laf taşımak / dedikoducu olmak
eine **Klatschbase** sein U	dil (veya lakırdı, veya laf) ebesi olmak
ein **Klatschmaul** sein U	dedikodu kumkuması olmak
klatschnaß werden	iliğine kadar ıslınmak / sırılsıklam olmak / sucuk gibi olmak
jemanden über den grünen **Klee** loben R	birini (överek) göklere çıkarmak / telleyip pullamak / yağlayıp ballamak / ballandıra ballandıra anlatmak
klein, aber oho !	fındık kurdu gibi
ganz **klein** und häßlich werden U	kuyruğunu kısmak / burnu sürtülmek / süklüm püklüm olmak / sinmek
für jemanden eine **Kleinigkeit** sein	(biri için) işten bile olmamak
in die **Klemme** kommen (od. geraten) U	başı derde (veya belaya) girmek
in der **Klemme** sitzen (od. stekken) U	başı belada (veya dertte) olmak
an jemandem hängen wie eine **Klette** U	birine kene gibi yapışak
Klinken putzen U	kapı kapı dolaşmak / kırk kapının ipini çekmek
klipp und klar	apaçık / besbelli
einen **Kloß** im Hals haben	sesi kısılmak

klar wie **Kloßbrühe** sein R	apaçık olmak/hesap meydanda olmak
ein(en) **Klotz** am Bein (haben)	ayak bağı olmak
Knall und Fall U	apansızın
jemanden übers **Knie** legen	birini pataklamak
jemanden in die **Knie** zwingen	birini dize getirmek/birine aman dedirtmek
etw. übers **Knie** brechen	aceleye boğmak/iki ayağını bir pabuca sokmak
in die **Knie** gehen	dize gelmek
weich in den **Knien** werden U	dizinin (veya dizlerinin) bağı çözülmek
jemandem fährt etw. in die **Knochen** U	içine işlemek
bis auf die **Knochen** abgemagert sein	bir deri bir kemik kalmak/tazıya dönmek/çiroza dönmek
naß bis auf die **Knochen**	iliklerine kadar ıslanmak/sırılsıklam olmak/sucuk gibi olmak
knochentrocken sein	kupkuru olmak
jemandem einen **Knüppel** zwischen die Beine werfen	birine çelme takmak
es kommt **knüppeldick** U	bütün dertler bir arada/üstüne üstlük/he şey yetmiyormuş gibi/dokuz ayın çarşambası bir arada
das ist (alles ja) **Kohl** U, R	saçma şeyler
(den) alten **Kohl** aufwärmen U, R	eski defterleri karıştırmak
wie auf glühenden **Kohlen** sitzen B	diken üstünde oturmak/kabir azabı çekmek
zu s. **kommen**	kendine gelmek
auf jemanden nichts **kommen** lassen	birine toz bile kondurmamak
ein ungekrönter **König** L	taçsız kıral
den **Kopf** hängen lassen	süngüsü düşmek
seinen **Kopf** aufs Spiel setzen	hayatını tehlikeye atmak/ölümüne (veya canına) susamak
Kopf hoch !	ha cesaret !
nicht wissen, wo einem der **Kopf** steht	ne yapacağını bilememek/sağını solunu bilmemek/şaşkın tavuğa dönmek
(völlig) den **Kopf** verlieren	şaşkına dönmek
jemandem brummt (od. raucht) der **Kopf** U	kafası (veya başı) şişmek/kafası (veya başı) kazan gibi olmak
s. (nicht) den **Kopf** zerbrechen	aklını yor(ma)mak/kafa patlat(ma)mak
alles auf den **Kopf** stellen U	her şeyi altüst etmek/darmadağın etmek

nicht auf den **Kopf** gefallen sein U	kafalı olmak
und wenn er s. auf den **Kopf** stellt! U	ağzınla kuş bile tutsa/çatlasa da patlasa da
etw. geht jemandem nicht aus dem **Kopf**	aklından çıkmamak (veya gitmemek)
aus dem **Kopf**	akıldan/ezberden
den **Kopf** in den Sand stecken U	gerçeklere gözünü kapamak
jemanden vor den **Kopf** stoßen U	birinin gururunu kırmak/birini incitmek
s. etw. aus dem **Kopf** schlagen U	bir şeyi kafasından (veya) aklından çıkarmak
jemandem durch den **Kopf** gehen	aklından (veya) zihninden geçmek
s. etw. durch den **Kopf** gehen lassen	bir şeyi enine boyuna düşünmek/bir şeyi aklından (veya gönlünden) geçirmek
mit dem **Kopf** durch die Wand gehen (wollen) U	burnunun doğrusuna gitmek/kendi bildiğini okumak
s. etw. in den **Kopf** setzen	bir şeyi alkına (veya kafasına) koymak
jemandem etw. in den **Kopf** setzen	birinin aklını çelmek/birinin aklına bir şey sokmak
jemandem im **Kopf** herumgehen	(bir şey birinin) aklını (veya kafasını) kurcalamak
etw. anderes im **Kopf** haben	aklı başka şeylerle meşgul olmak/aklı (veya kafası) başka yerde olmak
jemandem (nicht gleich) den **Kopf** abreißen U	birinin canına oku(ma)mak
jemanden um einen **Kopf** kürzer machen S	birini rezil rüsvay etmek/birinin canına okumak
im **Kopf** behalten	aklında tutmak
nur nach dem (od. seinem) eigenen **Kopf** gehen	burnunun dikine (veya doğrusuna) gitmek
jemandem über den **Kopf** wachsen	a) birinin boyunu geçmek b) birinin tepesine (veya başına) çıkmak
von **Kopf** bis Fuß	tepeden tırnağa
wie vor den **Kopf** geschlagen sein	beyninden vurulmuşa dönmek
s. an den **Kopf** schlagen (wollen)	(öfkeden vs.) kafasını duvarlara vurmak

Kopf und Kragen riskieren (od. wagen)	kellesini koltuğuna almak
jemanden dem **Kopf** verdrehen U	birini baştan çıkarmak
das geht (od. will) mir nicht in den **Kopf**	a) aklım almıyor b) aklıma sokamıyorum (ezberliyemiyorum)
den (od. seinen) **Kopf** hinhalten	sorumluluk yüklenmek
seinen eigenen **Kopf** haben	Nuh deyip peygamber dememek
den **Kopf** aus der Schlinge ziehen	canını (veya hayatını) kurtarmak
jemandem steigt etw. zu **Kopf**	(bir şey birinin) başına vurmak
Kopf-an-Kopf-Rennen	at başı beraber gitmek
jemandem auf dem **Kopf** herumtanzen U	birinin başına (veya tepesine) çıkmak
jemandem den **Kopf** waschen U	birine (iyi bir zılgıt) vermek
ein kluger **Kopf** sein	kafalı olmak
Köpfchen haben	kafalı olmak/kafası işlemek
kopflos sein	kafasız olmak
s. (keine) **Kopfschmerzen** über etw. machen	bir şeyi kendine dert et(me)mek
kopfstehen	zıvanadan çıkmak
jemandem einen **Korb** geben	sepet havası çalmak/sepetlemek
jemanden (od. etw.) aufs **Korn** nehmen	(birini veya bir şeyi) parmağına dolamak
auf seine **Kosten** kommen	masrafını çıkarmak
keine **Kosten** und Mühen scheuen	a) masraftan kaçınmamak b) (bir şeye erişmek için) elinden geleni yapmak
jemanden beim (od. am) **Kragen** packen	birinin yakasına yapışmak
es geht jemandem an den **Kragen**	durumu veya hayatı tehlikede olmak
etw. paßt jemandem (nicht) in den **Kram** U	işine gel(me)mek
(vor jemandem) einen **Kratzfuß** machen U	birinin önünde eğilmek/birine reverans yapmak
(es liegt alles) wie **Kraut** und Rüben (durcheinander) U	ortalık dandini
ein **Kreuz** über etw. machen (od. schlagen)	buza yazmak/üstüne fatiha okumak
jemanden aufs **Kreuz** legen U	birinin sırtını yere getirmek/birini dize getirmek

hinter jemandem drei **Kreuze** machen	(istenmeyen biri gittiği için) sevinçten takla atmak/birinin arkasından deve kesmek
zu **Kreuze** kriechen	kuyruğunu kısmak/yüz suyu dökmek/dize gelmek
sein **Kreuz** auf s. nehmen B	talihine razı gelmek
es ist ein **Kreuz** mit jemandem U	baş belası olmak
sein **Kreuz** haben U	imanı gevremek
jemanden ins **Kreuzverhör** nehmen	birini sorguya çekmek/sıkıştırmak
mit jemandem auf **Kriegsfuß** stehen	araları iyi olmamak/kanlı bıçaklı olmak
einen in der **Krone** haben U	zom olmak/zil zurna sarhoş olmak/fitil (veya bulut) gibi olmak
das setzt allem die **Krone** auf U	bir de üstüne üstlük/bu da tepesine tüy dikti
etw. ist überflüssig wie ein **Kropf** U	her şey bitti, leğen örtüsü kaldı
eine freche **Kröte** sein U	şıllık olmak
jemanden **krumm** und lahm schlagen	(birini döve döve) pastırmasını çıkarmak/pestilini çıkarmak
s. **krumm** und bucklig schuften	(çalışmaktan) canı burnuna gelmek
s. **krumm** (od. krumm und schief) lachen	gülmekten katılmak (veya patlamak)
etw. **krummnehmen**	bir şeye alınmak
hol ihn (od. dich) der **Kuckuck** ! U (od. hol's der **Kuckuck** !)	canı(n) cehenneme !
das weiß der **Kuckuck** ! U	ne bileyim ben !/müneccim boku yemedim ya !
das geht auf keine **Kuhhaut** U	yok deve/bu kadarı da fazla
mit seiner **Kunst** am Ende (od. zu Ende) sein	sıfırı tüketmek
s. den (od. einen) **Kuppelpelz** verdienen	çöpçatanlık etmek/çöpçatan olmak
(hoch) im **Kurs** stehen	revaçta olmak
vom **Kurs** abkommen	yoldan çıkmak
die **Kurve** (nicht mehr) kriegen U	zor bir şeye eriş(eme)mek
die **Kurve** kratzen S	a) sıvışmak b) bir şeyi atlatmak
etw. **kurz** und klein schlagen U	un ufak etmek
kurz und gut	kısacası
über **kurz** oder lang	er veya geç (od. er geç)

(bei etw.) zu **kurz** kommen	avucunu yalamak/ağzını havaya (veya poyraza) açmak
kürzer treten (müssen)	sağlığını korumak
den **kürzeren** ziehen	payına az düşmek/dezavantajlı olmak
jemanden **kurzhalten**	birinin gemini kısmak
jemandem eine **Kußhand** zuwerfen	birine öpücük yollamak
mit **Kußhand**	öpüp başına koyarak

L

daß ich nicht **lache**!	(ay,) güleyim bari!
vor **Lachen** brüllen U	gülmekten katılmak/gülmekten kasıkları çatlamak
s. das **Lachen** verbeißen	gülmemek için kendini zor tutmak
jemand hat gut **lachen**	tuzu kuru olmak
der **Laden** klappt U	iş tıkırında
seinen **Laden** in Ordnung bringen U	işini yoluna koymak
den **Laden** hinschmeißen U	bir işten el çekmek
ein **Ladenhüter** sein	külüstür (mal) olmak
wie ein **Landsknecht** schimpfen (od. fluchen)	sövüp saymak/fırıncı küreği kadar dili olmak
lang und breit (od. des langen und breiten)	uzun uzadıya/etraflıca/enine boyuna
vor **Langeweile** sterben	sıkıntıdan patlamak (veya ölmek)
jemandem geht etw. durch die **Lappen** U	bir şeyi elinden kaçırmak
viel **Lärm** um nichts L	kuru gürültü
jemandem etw. zur **Last** legen	birine iftira atmak
jemandem zur **Last** fallen	birine yük olmak
jemandem eine **Last** von der Seele nehmen	birinin yüreğine su serpmek
mit seinem **Latein** am Ende sein U	sıfırı tüketmek
jemanden (od. etw.) mit der **Laterne** suchen müssen (od. können)	(birini veya bir şeyi) mumla aramak
(eine) **Latrinenparole** (sein) S	uydurma haber
aus den **Latschen** kippen U	kendini kaybetmek/kendinden geçmek
einer S. freien **Lauf** lassen	bir işi oluruna bırakmak
wie ein **Lauffeuer**	şimşek hızıyla

jemandem den **Laufpaß** geben	birinin pasaportunu eline vermek
aus seiner **Laune** heraus (etw. tun)	keyfi olarak/hiç bir sebep olmadan (bir işi yapmak)
du machst mir **Laune**!	keyfimi kaçırıyorsun
guter **Laune** sein	keyifli (neşeli) olmak/keyfi (neşesi) yerinde olmak
die (od. eine) **Laune**(n) des Schicksals	feleğin cilvesi/kaderin cilvesi
jemandem die **Laune** verderben	birinin keyfini (neşesini) kaçırmak
nicht bei **Laune** sein	keyfi (neşesi) yerinde olmamak
jemandem eine **Laus** in den Pelz setzen U	birinin başına iş açmak
(aussehen,) als sei einem eine **Laus** über die Leber gelaufen U	sağını solunu bilmemek/şaşkın tavuğa dönmek
jemandem ist eine **Laus** über die Leber gelaufen U	fena halde içerlemek
jemandem geht es **lausig** U	hali duman olmak
so wahr ich **lebe**!	yemin ederim ki
jemandem das **Leben** zur Hölle machen	birinin hayatını zindan (zehir) etmek
jemanden ums **Leben** bringen	birini tahtalı köye göndermek
jemandem (od. s.) das **Leben** sauer machen	birine (veya kendine) hayatı zehir etmek
sein **Leben** aufs Spiel setzen	hayatını tehlikeye atmak/kelleyi koltuğa almak
das (od. sein) **Leben** dransetzen	vgl. ‚sein Leben aufs Spiel setzen'
es geht (dabei) auf **Leben** und Tod	hayat memat meselesi/ölüm dirim meselesi/ölüm kalım meselesi
koste es auch das **Leben** L	hayatı pahasına da olsa/ölüm pahasına da olsa
jemanden am **Leben** lassen	birinin canını bağışlamak
s. das **Leben** nehmen	kendi canına kıymak (intihar etmek)
zum **Leben** zu wenig, zum Sterben zu viel haben	kıt kanaat geçinmek
wie das blühende **Leben** aussehen L	yanağından kan damlamak
jemands **Lebensgeister** wecken	birini hayata bağlamak
frisch (od. frei) von der **Leber** weg sprechen (od. reden) U	açık sözlü olmak/sözünü sakınmamak/dobra dobra söylemek
etw. frißt (od. nagt) jemandem an der **Leber**	içi içini yemek

die gekränkte (od. beleidigte) **Leberwurst** spielen U	çabuk incinmek
vom **Leder** ziehen (gegen jemanden)	birinin üstüne atlamak / birine saldırmak
leer ausgehen	ağzını havaya (poyraza) açmak / hava almak / eli boş dönmek
gähnende **Leere**	bomboş
jemandem eine **Lehre** (od. Lektion) erteilen	birine (iyi bir) ders vermek
(etw.) mit **Leib** und Seele (tun)	(birşeyi) canı gönülden (canla başla) (yapmak)
etw. am eigenen **Leib(e)** (od. an seinem eigenen **Leib**) erleben (od. erfahren)	başından geçmek
nichts im **Leibe** haben	midesi boş olmak
gesegneten **Leibes** sein L	ağır vücut olmak
jemandem (wie) auf den **Leib** geschrieben (od. geschneidert) sein	biçilmiş kaftan olmak
jemandem (drei Schritte) vom **Leib** bleiben	birinin yanına yaklaşmamak / birinden bucak bucak kaçmak
s. jemanden vom **Leib** halten	birini yanına yaklaştırmamak
wie eine **Leiche** (auf Urlaub) (od. wie eine wandelnde **Leiche**) (aussehen) U	canlı cenaze olmak / mezar kaçkınına dönmek
über **Leichen** gehen U	anasinin ipliğini pazara çıkarmak / anasının ipini satmak
sein **Leid** in s. hineinfressen	derdini içine atmak / bağrına taş basmak / kan içip kızılcık suyu demek
(es ist) immer dieselbe (od. die gleiche, die alte) **Leier** U	hep aynı nakarat / eski terane / Arabın yalellisi / temcit pilavı gibi
aus dem **Leim** gehen U	dağılmak / parçalanmak / parça parça olmak
jemanden auf den **Leim** locken (od. führen) U	birini faka bastırmak / kafese koymak / tuzağa düşürmek
jemandem auf den **Leim** gehen (od. kriechen) U	faka basmak / tuzağa düşmek
jemanden an der **Leine** haben (od. führen, od. ziehen)	birinin yuları elinde olmak
bei seinen **Leisten** bleiben	çizmeden yukarı çıkmamak
alles über einen **Leisten** schlagen	fark gözetmemek

eine lange **Leitung** haben U	kalın kafalı olmak
jemandem eine **Lektion** erteilen	birine (iyi bir) ders vermek
jemandem die **Leviten** lesen L	birini haşlamak/birine iyi bir zılgıt vermek
ein wandelndes **Lexikon** sein L	ayaklı kütüphane olmak
jemandem geht ein **Licht** auf U	beyninde şimşekler çakmak/işi çakmak/kafasına dank etmek
ans **Licht** bringen	açığa çıkarmak/meydana çıkarmak/ortaya dökmek
jemanden hinters **Licht** führen	birini faka bastırmak/kafese koymak/tuzağa düşürmek
sein **Licht** (nicht) unter den Scheffel stellen B	alçak gönüllülük göster(me)mek
das **Licht** der Welt erblicken L	dünyaya gelmek
jemandem ein **Licht** aufstecken	birinin gözünü (gözlerini) açmak
ein **Licht** werfen (auf etw.)	(bir şeye) ışık tutmak
Licht ins Dunkel bringen	vgl. ‚ans Licht bringen‘
jemandem grünes **Licht** geben	birine yeşil ışık yakmak (ümit vermek)
Lichtjahre entfernt sein	son derece uzak olmak
verlorene (od. vergebliche) **Liebesmüh'** L	boşuna zahmet
(es ist) immer dasselbe **Lied** U	hep aynı terane/Arabın yalellisi gibi/temcit pilavı gibi
ein **Lied** von etw. singen können	(bir şey) başından geçmiş olmak
(dastehen,) als habe man ein **Lineal** verschluckt	baston yutmuş gibi durmak
jemanden **links** liegenlassen	birini adam yerine koymamak/hiçe saymak
etw. mit **links** machen	bir çırpıda yapıvermek/(bir şey biri için) çocuk oyuncağı olmak
etw. für ein **Linsengericht** verkaufen (od. hergeben) B	bir şeyi yok pahasına satmak/helvaya satmak
an jemands **Lippen** hängen	birinin ağzının içine bakmak
etw. nicht über die **Lippen** bringen	(bir şeyi söylemeye) dili varmamak
auf (od. aus) dem letzten **Loch** pfeifen U	işi bitik olmak
Löcher (od. ein **Loch**) in die Luft starren	gözü dalmak
jemandem **Löcher** (od. ein **Loch**) in den Bauch fragen U	birine ahret suali sormak
nicht **lockerlassen**	bir işin peşini bırakmamak/tuttuğunu koparmak

jemanden über den **Löffel** halbieren S	birini faka bastırmak / kafese koymak
s. etw. hinter die **Löffel** schreiben U	(bir şeyden) ibret almak / bir şeyi kulağına küpe etmek
mit einem silbernen (od. goldenen) **Löffel** im Mund geboren sein	bir eli yağda bir eli balda olmak / mirasyedi olmak
s. auf seinen **Lorbeeren** ausruhen U	bir başarıdan sonra yan gelip yatmak / başarısını sürdürmemek
das große **Los** gewinnen (od. gewonnen haben)	şansı yaver gitmek / aşığı cuk oturmak
ein schweres **Los** haben	bahtı kara olmak
im **Lot** sein	işi tıkırında olmak
etw. (wieder) ins **Lot** bringen	işi yoluna koymak
wie ein **Löwe** kämpfen	aslanlar gibi çarpışmak / mücadele vermek
den schlafenden **Löwen** (auf) wecken	uyuyan yılanı uyandırmak / uyuyan yılanın kuyruğuna basmak
(den) **Löwenanteil** (bekommen)	aslan payı (nı almak)
Luft für jemanden sein U	biri için hiç anlamı (veya değeri) olmamak
dicke **Luft** U	gergin hava
s. **Luft** machen U	kendine yer açmak
in der **Luft** liegen	kapıya dayanmak
(schnell, od. leicht) in die **Luft** gehen U	hemen küplere binmek / esip yağmak / esip savurmak
etw. aus der **Luft** greifen	aslı astarı olmayan şeyler söylemek
aus der **Luft** gegriffen sein	aslı astarı olmamak
s. in **Luft** auflösen	ortadan kaybolmak / kayıplara karışmak
Luftschlösser bauen	yedi kubbeli hamam kurmak / boş hayaller peşinde olmak / ispanya'da şatolar kurmak / bir akçe ile dokuz kubbeli hamam yapmak
Lug und Trug	yalan dolan / yalan düzen / hile huda
eine faustdicke **Lüge**	kuyruklu yalan / katmerli yalan / maval, martaval
jemanden (od. etw.) **Lügen** strafen	(birinin veya bir şeyin) yalanını çıkarmak / yalanını yüzüne vurmak
lügen wie gedruckt	gözü kapalı yalan söylemek / bir ayak üstünde bin yalan söylemek
nichts als **Lumpen** und Läuse haben U	ip üzengi tahta kılıç olmak

s. nicht **lumpen** lassen U	kibarlığı elden bırakmamak
s. die **Lunge** aus dem Hals schreien (od. brüllen)	bangır bangır bağırmak
Lunte riechen S	(kötü bir şeyin) kokusunu almak
etw. mit der **Lupe** suchen (müssen)	(bir şeyi) mumla aramak
etw. unter die **Lupe** nehmen	(bir şeyi) inceden inceye tetkik etmek
zu etw. (keine) **Lust** (und Laune) haben	(bir şeyi) canı iste(me)mek / canı çek(me)mek
s. über etw. (od. jemanden) **lustig** machen	(bir şeyi veya birini) gırgıra almak / maskaraya almak / (bir şeyle veya biriyle) gırgır geçmek

M

s. nichts daraus (od. aus etw.) **machen**	boş vermek / kafasını takmamak
wie die **Made** im Speck leben U	bolluk içinde yaşamak
jemandem knurrt der **Magen**	açlıktan karnı guruldamak / karnı zil çalmak
s. den **Magen** verderben	midesini bozmak
etw. dreht (od. kehrt) jemandem den **Magen** um	(bir şey birinin) midesini bulandırmak
jemandem (schwer) im **Magen** liegen U	a) midesine oturmak b) bir şeye canı fena halde sıkılmak c) bir şeyden hiç hoşlanmamak
nichts im **Magen** haben	aç biilâç olmak
jemanden **magnetisch** (od. wie ein **Magnet**) anziehen	birini mıknatıs gibi çekmek
(na,) prost **Mahlzeit** ! U	a) öp babanın elini b) haydi oradan
jemanden in die **Mangel** nehmen (od. in der **Mangel** haben) U	birini sıkıştırmak / baskı altında tutmak
seinen **Mann** stellen	cesaretle bir işi halletmek
der rechte (od. richtige) **Mann** für etw. sein	bir işin erbabı olmak
etw. an den **Mann** bringen	bir şeyi elden çıkarmak
jemanden an den **Mann** bringen	birini başgöz etmek
den wilden **Mann** spielen R	erkeklik taslamak
s. **Manns** genug zu etw. fühlen	(bir şey için kendinde) gerekli kuvveti bulmak

Manschetten (vor jemandem) haben (od. kriegen) S, R	birinden arka ayakları titremek
den (od. seinen) **Mantel** (od. sein **Mäntelchen**) nach dem Wind hängen	eyyamcılık etmek / eyyam efendisi olmak
jemandem das **Mark** aus den Knochen saugen	birini iliğine kadar sömürmek
kein **Mark** in den Knochen haben	a) bitkin olmak b) yavan insan olmak
jemandem durch **Mark** und Bein gehen U	iliğine kadar işlemek
jemanden bis ins **Mark** treffen	a) birinin kalbini kırmak, b) birinin ocağını söndürmek
jemandem den **Marsch** blasen U	birine zılgıt vermek
die **Maske** fallenlassen	rengini (maksadını) belli etmek
jemandem die **Maske** herunterreißen (od. vom Gesicht reißen)	birinin foyasını meydana çıkarmak / maskesini düşürmek
das **Maß** ist voll! U	sabrım taştı
weder **Maß** noch Ziel kennen	had hudut bilmemek
maßgeschneidert (für jemanden) sein	(biri için) biçilmiş kaftan olmak
(eine) **Mattscheibe** haben U	(birdenbire) serseme dönmek
das (od. sein) **Maul** halten U	çenesini tutmak (kısmak, kapamak)
jemandem das **Maul** stopfen S	birinin ağzına kilit vurmak
jemandem übers **Maul** fahren U	birinin (kabaca) ağzının payını vermek
ein großes **Maul** haben U	cafcaf etmek / yüksekten atmak
das **Maul** (weit) aufreißen U	caka satmak / çalım satmak / yüksekten atmak / cafcaf etmek
Maulaffen feilhalten U	boş durmak / boş gezenin baş kalfası olmak
maulfaul sein U	ağzını açmaya üşenmek / ağzından zorla laf çıkmak
da beißt die **Maus** keinen Faden ab U	işte böyle / ne çare / kaçınılması mümkün değil
da möchte ich **Mäuschen** sein (od. spielen)	gizlice dinlemek isterdim
s. (am liebsten) in ein **Mauseloch** verkriechen (wollen)	iğne deliğine kaçmak / kaçacak delik aramak
mausetot sein U	ölüp gitmiş olmak
wie ein **Mehlsack** schlafen U	ölü gibi uyumak

ich will **Meier** heißen, wenn ... U	Arap olayım ki, eğer ... / anam avradım olsun ... / elimi keserim ki, eğer ...
das **Messer** sitzt jemandem an der Kehle	bıçak kemiğe dayandı
auf (des) **Messers** Schneide stehen	kıl üstünde durmak
die **Messer** wetzen	saldırıya hazırlanmak
jemandem das **Messer** an die Kehle setzen	birinin gırtlağına basmak
bis aufs **Messer** (kämpfen)	ölüm dirim savaşı (vermek)
gute **Miene** zum bösen Spiel machen	(istemeyerek) göz yummak / oyun bozanlık etmemek
keine **Miene** verziehen	gözlerini bile kıpırdatmamak
wie **Milch** und Blut aussehen	yanağından kan damlamak
ein **Milchbart** (od. **Milchgesicht**) sein U	ağzı süt kokmak
in letzter Minute	yumurta kapıya gelince / sonlanda
(nicht) auf seinem (eigenem) **Mist** gewachsen sein U	birinin eseri ol(ma)mak
Mist bauen U	halt etmek / halt yemek / nane yemek
mitgefangen, mitgehangen	anca beraber, kanca beraber
etw. **mitgehen** lassen U	bir şeyi yürütmek
(für jemanden) die **Mitte** der Welt sein L	birinin gözbebeği olmak
(alle) **Mittel** und Wege (kennen)	işin yolu(nu bilmek)
keine **Mittel** und Wege scheuen	elinden geleni ardına koymamak / gözünü budaktan sakınmamak
der goldene **Mittelweg**	orta karar
aus der **Mode** sein	modası geçmek
mit der **Mode** gehen	modaya uymak
(wohl) hinter dem **Mond** leben U	dünyadan haberi olmamak / Hanyayı Konyayı bilmemek
in den **Mond** gucken (od. schauen) U	ağzını havaya (poyraza) açmak / avucunu yalamak
ein **Mondkalb** sein U	cennet buzağısı olmak
jemandem im **Mondschein** begegnen können U	birini defterden silmek
jemanden **Mores** lehren U	birini yola getirmek
da kriegst du doch die **Motten**! U, R	eşekten düşmüş karpuza döndüm
aus einer **Mücke** einen Elefanten machen	pireyi deve yapmak / habbeyi kubbe yapmak / bire bin katmak
keinen **Mucks** sagen U	hiç tınmamak

mucksmäuschenstill sein	sessiz sedasız olmak / gık bile dememek
mit (knapper) **Mühe** und Not	zar zor / bata çıka / ıkına sıkına
den **Mund** halten	ağzını tutmak / çenesini tutmak
s. den **Mund** wischen können R	ağzını havaya (veya poyraza) açmak / avucunu yalamak
s. den **Mund** fusselig (od. fransig, od. in Fransen) reden U	dilinde tüy bitmek / tükürüğü kurumak
reinen **Mund** halten	sır saklamak / ağzı sıkı olmak
Mund und Nase aufsperren U	gözünü dört açmak / baka kalmak / hayretten ağzı açık kalmak / parmağı ağzında kalmak
etw. in den **Mund** nehmen	bir şeyin lafını etmek
etw. nicht in den **Mund** nehmen	bir şeyin lafını etmemek
s. (nicht) den **Mund** verbieten lassen	kimsenin boyunduruğu altına gir(me)mek
jemandem nach dem **Mund** reden	(birinin istediği gibi konuşarak) birine yaltaklanmak
von **Mund** zu Mund gehen	dilden dile dolaşmak
in aller **Munde** sein L	dillere destan olmak / alemin ağzına sakız olmak
an jemands **Mund** hängen	birinin ağzının içine bakmak
den **Mund** (zu) voll nehmen U	büyük konuşmak / büyük söylemek
den **Mund** nicht halten (können)	ağzında bakla ıslanmamak / ağzı gevşek olmak
s. etw. vom **Mund(e)** absparen	dişinden tırnağından arttırmak / boğazından kesmek
jemandem den **Mund** wässerig machen U	birinin ağzını sulandırmak
jemandem den **Mund** stopfen U	birinin ağzına kilit vurmak
etw. stets im **Munde** führen	bir şeyi dilinden (veya ağzından) düşürmemek
(wie) aus einem **Mund(e)**	hep bir ağızdan
jemandem (gehörig) über den **Mund** fahren U	birinin ağzının payını vermek
s. den **Mund** verbrennen U	(düşüncesizce söylediği sözlerle) pot kırmak / gaf yapmak / bülbülün çektiği dili belası
viele **Münder** zu stopfen haben	çok can (veya boğaz) beslemek (zorunda olmak)
mundfaul sein U	ağzını açmaya üşenmek / ağzından zorla laf çıkmak
jemandem etw. **mundgerecht** machen	birine bir şeyi beğendirmek
jemanden **mundtot** machen	birinin ağzına kilit vurmak

ein loses (grobes, freches böses, gottloses) **Mundwerk** haben U	ağzı bozuk olmak/fırıncı küreği kadar dili olmak
jemandem (etw.) mit gleicher **Münze** heimzahlen	acısını çıkarmak/kısasa kısasla mukabele etmek
münzen: auf jemanden gemünzt sein	birine taş atmak (kinaye yapmak)
etw. für bare **Münze** nehmen	bir şeyi ciddiye almak
wie ein **Murmeltier** schlafen	ölü gibi uyumak
sein **Mütchen** an jemandem kühlen R	hıncını baskasından almak
bei **Mutter** Grün schlafen	Aydedeye misafir olmak (açıkta uyumak)
wie bei **Muttern** (sein) U, R	ana kucağındaki gibi (olmak)
mutterseelenallein sein L	yapayalnız olmak

N

das **Nachsehen** haben	ağzını havaya (poyraza) açmak
s. die **Nacht** (od. eine Nacht) um die Ohren schlagen U	geceyi sabah etmek/sabahlamak
die ganze **Nacht** kein Auge zutun (können)	bütün gece gözünü kırpmamak
die **Nacht** zum Tag(e) machen	(çalışarak) geceyi sabah etmek
über **Nacht** (kommen)	birdendbire (gelmek) ansızın apansız(ın)
bei **Nacht** und Nebel (verschwinden, od. s. davonmachen)	gizlice (sıvışmak, tüymek)
(na,) dann gute **Nacht** ! U	işler sarpa sardı
häßlich wie die **Nacht** sein	yüzüne bakılmayacak kadar çirkin olmak/gudubet olmak/çehre züğürdü olmak
eine **Nachteule** sein	gece kuşu olmak
jemandem im **Nacken** sitzen	birinin ensesinde olmak
den **Nacken** beugen	boyun eğmek
jemandem auf dem **Nacken** sitzen	birinin ensesinde boza pişirmek
jemandem den **Nacken** beugen	birinin burnunu sürtmek
keine **Nadel** konnte zu Boden (od. auf die Erde) fallen	iğne atsan yere düşmez
wie auf **Nadeln** sitzen U	diken üstünde oturmak/iğne üstünde oturmak

Nägel mit Köpfen machen U	her şeyi elifi elifine yapmak
den **Nagel** auf den Kopf treffen U	taşı gediğine koymak
der **Nagel** zu jemands Sarg sein	birinin meftine sebep olmak
s. etw. unter den **Nagel** reißen U	bir şeyin üstüne oturmak / deve yapmak
etw. an den **Nagel** hängen U	bir işi yarıda bırakmak / asmak
jemandem auf den **Nägeln** brennen	geciktirilmeyecek kadar önemli olmak, acil olmak
s. einen (großen) **Namen** machen	(iyi) isim yapmak
jemanden (od. etw.) beim (rechten) **Namen** nennen	sözünü esirgememek
jemanden (od. etw.) (nur) dem **Namen** nach kennen	birini ismen (veya gıyaben) tanımak
an jemandem (od. etw.) einen **Narren** gefressen haben U	bokunda boncuk bulmak / biri (veya bir şey) için çıldırmak / deli divane olmak
jemanden zum **Narren** halten U	birini alaya almak / birine kavuk giydirmek
die (od. seine) **Nase** in alles (od. in jeden Dreck) stecken U	her işe burnunu sokmak / etliye sütlüye karışmak / kel kâhya olmak
die **Nase** (über etw.) rümpfen	burun kıvırmak
auf die **Nase** fallen U	başarısızlığa uğramak
jemandem etw. unter die **Nase** reiben U	bir şeyi birinin yüzüne vurmak
jemandem eins auf die **Nase** geben U	birinin ağzının payını vermek
eins auf die **Nase** bekommen U	papara yemek / zılgıt yemek
die (od. seine) **Nase** hoch tragen U	burnu büyük olmak / burnu Kaf dağında olmak
jemandem eine lange **Nase** machen (od. eine **Nase** drehen) U	nanik yapmak
die **Nase** voll haben U	canına tak demek / canına yetmek / gına getirmek
vor jemands **Nase** liegen U	gözünün önünde olmak / burnunun dibinde olmak
jemanden an der **Nase** herumführen U	birini boşuna oyalamak (avutmak, aldatmak skandırmak)
jemandem auf der **Nase** herumtanzen U	birinin başına (tepesine) çıkmak
jemanden mit der **Nase** auf etw. stoßen	bir şeyi birinin gözüne sokmak
auf der **Nase** liegen U	(hasta olup) yorgan döşek yatmak

die richtige **Nase** für etw. haben U	bir şeyi hemen sezmek, çabuk farkına varmak
s. eine goldene **Nase** verdienen U	havadan para kazanmak
s. eine blutige **Nase** holen U	yenilgiye uğramak
mit langer (od. einer langen) **Nase** abziehen U	ağzını havaya (poyraza) açmak
alle **naselang** U	ikide bir(de)
(immer) eine **Nasenlänge** voraus sein	durumu başkalarına göre daha iyi olmak
es (od. etw.) jemandem an der **Nase(nspitze)** ansehen	yüzünden okumak/yüzünden anlamak
ein (kleiner) **Naseweis** sein	kendini beğenmiş olmak/kendini fasulye gibi nimetten saymak
vor **Neid** platzen (od. vergehen)	kıskançlıktan çatlamak (veya patlamak)
an jemands **Nerven** zerren	ömür törpüsü olmak
jemandem auf die **Nerven** gehen (od. fallen) U	birinin sinirine dokunmak/iliğini kurutmak/dalına binmek/kafasını ütülemek
Nerven wie Drahtseile (od. Stahl) haben	sinirleri çelik gibi kuvvetli olmak
jemanden den letzten **Nerv** töten (od. rauben)	birinin canını çıkarmak/canına tak dedirtmek/sabrını tüketmek
die **Nerven** verlieren	siniri oynamak/sinirleri boşanmak/cinleri tepesine çıkmak
(nur noch) ein **Nervenbündel** sein	sinir küpü olmak
jemandem ins **Netz** gehen	birinin ağına düşmek/kül yutmak
jemanden ins **Netz** locken	birini ağına düşürmek
jemandem (ganz) **neu** sein	bir yaşına daha girmek
neunmalklug (sein wollen)	büyüklük taslamak
nichts für ungut! U	kusura bakma(yın)
ein **Nickerchen** machen	şekerleme yapmak
jemandem (mächtig) an die **Nieren** gehen U	içine işlemek/ciğerine işlemek
niet- und nagelfest sein	sapasağlam olmak
am (St.) **Nimmerleinstag** L	çıkmaz ayın son çarşambasında/balık kavağa çıktığı zaman
in **Null** Komma nichts	kaşla göz arasında
auf **Nummer** Sicher gehen	atını sağlam kazığa bağlamak
eine harte **Nuß**	çetin ceviz

O

von **oben** bis unten	yukardan aşağıya kadar/tepeden tırnağa kadar
jemanden von **oben** herab ansehen	birine tepeden bakmak
oben hui, unten pfui U	altı kaval, üstü şişhane
die **Oberhand** gewinnen	üstün gelmek
wie der **Ochs** am (od. vorm) Berg (od. Scheunentor) dastehen U	öküz trene bakar gibi/koyun kaval dinler gibi durmak
den **Ochsen** hinter den Pflug spannen	işi tamamen ters yapmak
ganz **Ohr** sein	kulak kesilmek/can kulağı ile dinlemek
jemandem klingen die **Ohren**	kulağı (kulakları) çınlamak
die **Ohren** hängenlassen	süngüsü düşük olmak
feine **Ohren** haben	kulağı hassas olmak
auf taube **Ohren** stoßen	ilgisizlikle karşılanmak/geri çevrilmek
s. etw. hinter die **Ohren** schreiben U	bir şeyden ibret almak/bir şeyi kulağına küpe etmek
die **Ohren** bei etw. haben	bir şeye kulak vermek
die **Ohren** steif halten U	cesaretini kırmamak
nur mit halbem (od. einem halben) **Ohr** zuhören	yarım kulak(la) dinlemek
die **Ohren** spitzen	kulaklarını dikmek/kulak kabartmak/kulağı kirişte olmak
seinen **Ohren** nicht trauen (wollen) U	kulaklarına inanamamak
du hast wohl keine **Ohren**?	sağır mısın/kulağına davul mu çalınıyor?
es faustdick hinter den **Ohren** haben U	iğne deliğinden Hindistanı göstermek
(noch) nicht trocken (od). noch) feucht, naß) hinter den **Ohren** sein U	ağzı süt kokmak
jemandem (mit etw.) in den **Ohren** liegen	birinin başının etini yemek/ağzından girip burnundan çıkmak/başına ekşimek
jemandem die **Ohren** langziehen U	birinin kulağını çekmek
jemanden an den **Ohren** ziehen	vgl. ‚jemandem die Ohren langziehen'
viel um die **Ohren** haben U	işi (veya derdi) başından aşkın olmak
jemanden übers **Ohr** hauen U	birini faka bastırmak/kafese koymak

bis über die (od. beide) **Ohren** in Schulden stecken U	gırtlağa kadar borç içinde olmak / uçan kuşa borcu olmak
bis über beide **Ohren** verliebt sein	sırılsıklam aşak olmak / yanıp tutuşmak / abayı yakmak
von einem **Ohr** zum anderen strahlen	pişmiş kelle gibi sırıtmak / ağzı kulaklarına varmak
jemandem zu **Ohren** kommen	kulağına çalınmak / kulağına gelmek / kulağına gitmek
zu einem **Ohr** hinein, zum anderen (wieder) hinaus (gehen)	bir kulağından girip öbür kulağından çıkmak
auf seinen **Ohren** sitzen U	a) duymamak b) duymamazlıktan gelmek
Öl ins Feuer gießen (od. schütten)	yangına körükle gitmek
dastehen (od. dasitzen) wie ein **Ölgötze**	put gibi durmak
(dicht gedrängt) wie die **Ölsardinen** in der Büchse	balık istifi gibi / tıkabasa dolu / hıncahınç dolu / tıklım-ı-tıklım
seit **Olims** Zeiten	kalubeladan beri (çok uzun zamandan beri)
aus **Olims** Zeiten stammen	nuhunebiden kalmak
quatsch keine **Opern** ! U, R	saçmalama / zırvalama !
wenn **Ostern** und Weihnachten zusammenfallen	çıkmaz ayın son çarşambasında / balık kavağa çıktığı zaman
vor **Ort**	yerli yerinde
an **Ort** und Stelle	vgl. ‚vor Ort‘

P

auf der (höchsten) **Palme** sein (od. sitzen)	cinleri başında olmak / barut fıçısı gibi olmak / küplere binmek / öfkeden köpürmek / babaları tutmak
jemanden auf die **Palme** bringen (od. treiben) U	birini fena halde öfkelendirmek / çileden çıkarmak / cinlerini tepesine çıkarmak
unter dem **Pantoffel** stehen (od. unter den **Pantoffel** gekommen / geraten sein) U	kılıbık olmak
ein **Pantoffelheld** sein U	vgl. ‚unter dem Pantoffel stehen‘
nur auf dem **Papier** stehen	kâğıt üstünde kalmak / ancak laftan ibaret olmak
nicht mehr **papp** sagen können U	midesini tıka basa doldurmuş olmak

nicht von **Pappe** sein U, R	az buz olmamak
seine **Pappenheimer** kennen L	malını bilmek
für einen **Pappenstiel** U	sudan ucuz/yok fiyatına/ölü fiyatına
päpstlicher als der **Papst** sein	kıraldan çok kıralcı (kıral taraftarı) olmak
für jemanden **Partei** ergreifen	birinin tarafını tutmak
es mit beiden **Parteien** halten	her tarafa mavi boncuk dağıtmak/hem İsa'yı, hem Musa'yı memnun etmek
eine gute **Partie** sein	yağlı kuyruk olmak
eine gute **Partie** machen	zengin kısmeti çıkmak/(evlenerek) iyi bir parti vurmak (turnayı gözünden vurmak)
in die **Patsche** geraten U	hapı yutmak/şapa oturmak/başı derde (veya belaya) girmek
in der **Patsche** sitzen U	hapı yutmuş olmak/hali duman olmak/başı belada (veya dertte) olmak/şapa oturmuş olmak/ayvayı yemiş olmak
patschnaß werden U	iliklerine kadar ıslanmak/sırılsıklam olmak
mit **Pauken** und Trompeten (durchfallen) U	topu dikmek/Tophane güllesini atmak
Pech haben	şansı olmamak/şansı yaver gitmemek/talihsizliğe uğramak/belaya çatmak
wie **Pech** und Schwefel zusammenhalten	aralarından su sızmamak/can ciğer kuzu sarması olmak
eine **Pechsträhne** haben	şanssızlığı üstünde olmak
ein **Pechvogel** sein	kısmeti bağlı olmak/bahtı kara olmak
jemandem auf der **Pelle** sitzen U, R	birine kene gibi yapışmak/musallat olmak/balta olmak/başının etini yemek
jemandem auf die **Pelle** rücken U, R	birinin üstüne varmak
jemandem auf dem **Pelz** sitzen	vgl. ‚jemandem auf der Pelle sitzen'
jemandem auf den **Pelz** rücken	vgl. ‚jemandem auf die Pelle rücken'
jemandem fällt (k)eine **Perle** aus der Krone U	incileri mi dökülür
Perlen vor die Säue werfen U	eşek hoşaftan ne anlar/horoz inciri mısır tanesi sanar (kıymetli bir şeyi değer bilmeyen birine vermek)
die **Perle** von etw. sein L	bir şeyin (bir yerin) incisi olmak
etw. in **Person** sein	bir şeyin abidesi olmak
wie die **Pest** stinken U	leş gibi kokmak

jemandem ist (od. hat es) die **Petersilie** verhagelt U, R	keyfi (morali) bozulmuş olmak
jemanden in die **Pfanne** hauen S	birini yerden yere çalmak/imha etmek
aufgehen wie ein **Pfannkuchen** U	a) (gururdan) hindi gibi kabarmak b) mandalar gibi şişmek (çok şişmanlamak)
jemand soll dorthin gehen (od. dort bleiben), wo der **Pfeffer** wächst U	canı cehenneme
nach jemands **Pfeife** tanzen	birinin avucunun içinde olmak/birinin emrinden çıkmamak
auf etw. **pfeifen** U	boş vermek/turp sıkmak/vız gelip tırıs gitmek
keinen **Pfennig** wert sein	beş para etmemek
jeden **Pfennig** zweimal umdrehen (müssen)	parayı çok hesaplı harcamak
ein **Pfennigfuchser** sein	düğüm üstüne düğüm atmak/çok hosis olmak
wie ein **Pferd** arbeiten	eşek gibi çalışmak/pala çalmak/dolap beygiri gibi çalışmak
das **Pferd** am Schwanz aufzäumen (od. hinter den Wagen spannen)	bir işe tersinden başlamak/bir işi tamamen ters yapmak
(ich denk',) mich tritt ein **Pferd** U, R	apışıp kaldım/eşekten düşmüş karpuza döndüm/afalladım
keine zehn **Pferde** bringen mich dorthin U	beni oraya top arabası bile götüremez
mit jemandem **Pferde** stehlen können U	aralarından su sızmamak
einen **Pferdefuß** haben U	sonu çapanoğlu çıkmak/işin içinde bir bityeniği olmak
(nur) **Pferdeverstand** haben	cennet buzağısı olmak/ayran budalası olmak/kuş beyinli olmak
nicht **piep** (und nicht papp) sagen U, R	gık (bile) dememek
jemandem **piepegal** sein U, R	birine vız gelmek
piepen: bei dir **piept's** wohl U, R	tuzlayım da kokma
den **Pfiff** heraus haben U	işin püf noktasını bilmek
keinen **Pfifferling** wert sein U	beş para etmemek
s. die **Pfoten** verbrennen U	ağzı yanmak
wie **Pilze** aus der Erde (od. dem (Erd)boden) schießen	mantar gibi bitmek

wie aus der **Pistole** geschossen	su gibi (söylemek, bilmek vs.)
jemandem die **Pistole** auf die Brust setzen	birinin gırtlağına basmak
platt sein U	(şaşkınlıktan) ağzı açık kalmak / parmağı ağzında kalmak / apışıp kalmak
eine **Plaudertasche** sein	dil (söz) ebesi olmak / çene kavafı olmak / çenesi düşük olmak / ağzı gevşek olmak / boş boğaz olmak
pleite sein U	meteliğe kurşun atmak
pleite gehen U	iflas etmek / topu dikmek
von **Pontius** zu Pilatus laufen (od. rennen) B	(bir şeyi elde edebilmek için) kırk kapının ipini çekmek / kapı kapı dolaşmak / saka beygiri gibi dolaşmak
(nur) eine halbe **Portion** sein U	yarım porsiyon olmak / bastı bacak olmak
um jeden **Preis**	her ne pahasına olursa olsun
um keinen **Preis**	hiç bir surette / asla / dünya bir araya gelse
ein gepfefferter (od. stolzer, od. gesalzener) **Preis** U	tuzlu bir fiyat
wie ein begossener **Pudel** dastehen U	süklüm püklüm durmak / süt dökmüş ke gibi durmak
des **Pudels** Kern L	can alacak nokta
jemandem (auf) den **Puls** fühlen	birinin nabzını yoklamak
sein **Pulver** verschießen (od. verschossen haben) U	sıfırı tüketmek
das **Pulver** (auch) nicht (gerade) erfunden haben U	mankafa olmak
(wie) auf dem (od. einem) **Pulverfaß** sitzen	barut fıçısı üstünde oturmak (büyük tehlike içinde olmak)
einen wunden **Punkt** berühren	bam teline basmak / can evinden vurmak
einen toten **Punkt** erreichen	yerinde saymak
der springende **Punkt**	püf noktası
jetzt mach (mal) einen **Punkt**! U	atma Recep, din kardeşiyiz
(ja,) **Pustekuchen** ! U, R	nanay / yağma yok / avucunu yala

Q

ein **Quälgeist** sein	ömür törpüsü olmak
s. um jeden **Quark** kümmern (od. s. in jeden **Quark** einmischen) U	her işe burnunu sokmak/etliye sütlüye karışmak/kel kâhya olmak
Quatsch mit Soße U, R	laf söyledi bal kabağı
ein **Quecksilber** (od. das reine **Quecksilber**) sein (od. **Quecksilber** im Leib haben)	ele avuca sığmamak/cıva gibi olmak
an der **Quelle** sitzen	suyun başında olmak
jemandem in die **Quere** kommen	a) birinin yoluna (karşısına) çıkmak b) birinin işlerine engel olmak/planlarını karıştırmak/pazar bozmak
ein **Querkopf** sein	a) acayip fikirli olmak b) kalın kafalı olmak
mit jemandem **quitt** sein	biriyle ödeşmiş olmak

R

ein weißer **Rabe** L	bulunmadık Bursa (veya Hint) kumaşı
wie ein **Rabe** stehlen	gözden sürmeyi çekmek (beceri ile hırsızlık yapmak)
eine **Rabenmutter** sein	hamam anası olmak
(etw.) **rabenschwarz** sehen	son derece kötümser olmak
ein **Rabenvater** sein	baba değil trabzan babası
jemandem den **Rachen** stopfen U	birini tıka basa doyurmak
den **Rachen** nicht voll (genug) kriegen (können) U	doymak bilmemek/aç gözlü olmak
das fünfte (od. sechste) **Rad** am Wagen sein	arka kapının dış mandalı olmak (önemsiz, aranmayan biri olmak)
unter die **Räder** kommen U	a) ayağa düşmek b) ocağı sönmek
(s.) die **Radieschen** von unten besehen (od. anschauen) U	tahtalı köyü boylamak
den **Rahm** abschöpfen	kaymağını çıkarmak/davulu biz çaldık, parsayı el topladı
außer **Rand** und Band sein	zıvanadan çıkmak
jemanden an den **Rand** drängen	birinin pabucunu dama atmak

jemandem den **Rang** streitig machen (od. jemandem den **Rang** ablaufen)	birini gölgede bırakmak
Ränke schmieden	dolap çevirmek/saman altından su yürütmek
einen **Rappel** bekommen U	damarı tutmak
da ist guter **Rat** teuer	tut kelin perçemini
jemanden zu **Rate** ziehen	birine akıl danışmak
jemands **Rat** befolgen	birinin sözünü dinlemek/birinin sözlerine kulak asmak
mit **Rat** und Tat	sözle ve fiilen/manen ve maddeten
mit s. zu **Rate** gehen	gönlüne danışmak
s. bei jemandem **Rat** holen	birine akıl danışmak/birinden fikir almak
dreimal darfst du **raten**	hadi bil bakalım
wie eine **Ratte** (od. ein **Ratz**) schlafen U	ölü gibi uyumak
mit etw. **Raubbau** treiben	(kuvvetini, sağlığını vs.) aşırı derecede harcamak, israf etmek
etw. in den **Rauchfang** schreiben (können)	üstüne fatiha okumak/buza yazamak/havada bulut, sen onu unut demek
die **Rechnung** ohne den Wirt machen	kendi kendine gelin güvey olmak/evdeki pazar çarşıya uymamak
das geschieht jemandem **recht**	oh olsun/şeytan azapta gerek/işte ettiğini buldu
jemandem **recht** geben	birine hak vermek
recht haben	haklı olmak
es ist mir **recht**	bana göre hava hoş
recht und schlecht	iyi kötü
auf sein **Recht** pochen	hakkını aramak
es verschlägt jemandem die **Rede**	nutku tutulmak
eine **Rede** halten	nutuk atmak
(große) **Reden** schwingen (od. führen)	nutuk çekmek
jemandem in die **Rede** fallen	birinin sözünü kesmek
der langen **Rede** kurzer Sinn	uzun lafın kısası
von etw. (od. davon) kann keine (od. nicht die) **Rede** sein	söz konusu olmamak/lafı bile olmamak/ihtimal dışı olmak
nicht der **Rede** wert sein	lafı bile olmamak
jemanden zur **Rede** stellen	birinden hesap sormak
jemanden zum **Reden** bringen	birini bülbül gibi söyletmek
vom **Regen** in die Traufe kommen (od. geraten) U	yağmurdan kaçarken doluya tutulmak

unter jemands **Regie**	(bir şey birinin) başının altından (çıkmak)
alle **Register** ziehen	her çareye baş vurmak
s. an jemandem **reiben**	biriyle kavga aramak/kaşınmak
der **Reihe** nach (od. nach der **Reihe**)	sırayla
an der **Reihe** sein	sırası gelmek
aus der **Reihe** tanzen (od. fallen) U	sırayı bozmak/sürüden ayrılmak
s. einen (keinen) **Reim** auf etw. machen (können)	bir şeye akıl sır erdir(eme)mek
keinen **Reim** auf etw. wissen	bir şeye akıl erdirememek
wie **reimt** sich das zusammen?	bu ne perhiz ne lahana turşusu?
ins **reine** schreiben	temize çekmek
etw. (wieder) ins **reine** bringen	bir işi yoluna koymak
in **Reinkultur**	özbeöz/halis muhlis
jemanden **reinwaschen** U	birini temize çıkarmak
Reißaus nehmen U	kirişi bırmak/nalları kaldırmak
ein totes **Rennen**	at başı beraber gitmek
jemanden nicht **riechen** können U	birine tahammül edememek
ich kann das doch nicht **riechen** U	kavun değil ki koklayayım
s. wie ein **Rindvieh** benehmen U	enayi gibi davranmak/eşeklik etmek
ein **Rindvieh** sein U	enayi olmak/eşek gibi olmak
um etw. **ringen**	bir şey için mücadele vermek
seine **Rippen** zählen können	bir deri gibi bir kemik olmak/tazıya dönmek
wie ein **Rohrspatz** schimpfen	ağız dolu sövmek/sövüp saymak
(wie) auf **Rosen** gebettet sein L	bolluk içinde
(nichts als) (große) **Rosinen** im Kopf haben U	başında kavak yelleri esmek
s. die **Rosinen** aus dem Kuchen picken U	hep kendi çıkarını sağlamak
auf dem hohen **Roß** sitzen (od. s. aufs hohe **Roß** setzen)	tepeden (veya yüksekten) bakmak/küçük dağları ben yarattım demek
eine **Roßnatur** (haben od. sein) U	çakı gibi/turp gibi olmak
rot sehen U	gözünü kan bürümek
Rotz und Wasser heulen U	hüngür hüngür ağlamak
rotzfrech sein U	utanmaz olmak
eine **Rotznase** (sein) U	yaşı ne başı ne (olmak)

den (od. seinen) **Rücken** beugen	boyun eğmek
jemandem den (od. seinen) **Rücken** beugen	birinin burnunu sürtmek
einen breiten **Rücken** haben	geniş olmak/manda (veya sığır) yürekli olmak
es läuft jemandem (eis)kalt (od. heiß und kalt) über den **Rükken** (od. den **Rücken** hinunter) U	başından (veya tepesinden) aşağı kaynar sular dökülmek
jemandem den **Rücken** zudrehen (od. kehren)	birine dirsek (veya sırt) çevirmek
jemandem den **Rücken** stärken	birinden yana çıkmak
jemandem in den **Rücken** fallen	birinin işlerini altüst etmek
(kein) **Rückgrat** haben U	karakter sahibi ol(ma)mak
jemandem das **Rückgrat** brechen	birinin belini bükmek
ans **Ruder** kommen (od. das **Ruder** übernehmen)	başa geçmek
in üblen (od. schlechten) **Ruf** kommen (od. geraten)	adı çıkmak
rufen: etw. kommt mir wie gerufen	tam işime gelir/benim için biçilmiş kaftan
du kommst mir wie gerufen	seni bana Allah gönderdi/Hızır gibi yetiştin
(nicht) zur **Ruhe** kommen	rahat yüzü gör(me)mek
die **Ruhe** weg haben U	geniş olmak/kalender olmak
die **Ruhe** verlieren	rahatı (veya huzuru) kaçmak
s. zur **Ruhe** setzen	işlerinden çekilmek
s. zur ewigen **Ruhe** begeben	Allah'ın rahmetine kavuşmak
etw. macht die **Runde**	yayılmak/kulaktan kulağa gelmek
seinen **Rüssel** in alles stecken U	her boka karışmak/kel kâhya olmak

S

zur **Sache** kommen	sadede gelmek/kısa kesmek
das ist meine Sache!	bu benim bileceğim iş
das ist seine **Sache**	kendi bilir
das ist nicht deine **Sache**	bu senin işin (veya harcın) değil
das ist nicht jedermanns **Sache**	bu her babayiğidin harcı değil
zur **Sache** !	konuya gelilim !
das gehört nicht zur **Sache** !	laf ola beri gele !

nichts zur **Sache** tun	önemsiz (veya yersiz) olmak
seine sieben **Sachen** packen U	pılısını pırtısını (veya tasını tarağını) toplamak
mit **Sack** und Pack U	pılısını pırtısını (veya tasını tarağını) toplayıp
jemanden in den **Sack** stekken U	birini (beceride vs.) cebinden çıkarmak
ohne **Saft** und Kraft U	tatsız tuzsuz
sagen: wem **sagst** du das !	benim de başımdan geçti !
andere **Saiten** aufziehen U	gemi kısmak/daha sıkı davranmak
da haben wir den **Salat** ! U	öp babanın elini !
jemandem nicht das **Salz** in der Suppe gönnen	birine (bir şeyi) çok görmek
das **Salz** in der Suppe sein	(bir şeyin) tuzu biberi olmak
zur **Salzsäule** erstarren B	put kesilmek/taş kesilmek
(in) **Samt** und Seide (sein)	şıklığıyla gözleri kamaştırmak
jemandem **Sand** in die Augen streuen	birinin gözünü boyamak
wie **Sand** am Meer	denizde kum gibi/ibadullah
auf **Sand** bauen (od. gebaut haben) B	çürük tahtaya basmak
im **Sand(e)** verlaufen	başarısızlığa uğramak
der **Sandmann** od. das **Sandmännchen**) kommt	uyku bastı
(dicht gedrängt) wie die **Sardinen** in der Büchse	balık istifi gibi/tıka basa dolu/tıklım tıklım/hıncahınç dolu
etw. **satt** haben U	gına getirmek/canına yetmek/canına tak demek
s. an etw. nicht **satt** sehen können	bir şeye bakmaya doyamamak
(fest) im **Sattel** sitzen	yeri sarsılmamak/yeri sağlam olmak
(davonlaufen) wie eine gesengte **Sau** U	pabuçları (veya topukları) ensesini dövmek
unter aller **Sau** (sein) U	bombok olmak
auf jemanden **sauer** sein U	birine bozuk çalmak
s. etw. **sauer** werden lassen L	çok çaba göstermek
gib ihm **Saures**! U	Vur abalıya!
in **Saus** und Braus leben U	bir eli yağda bir eli balda olmak/mirasyediler gibi yaşamak
jemandem **Schach** bieten (od. jemanden in **Schach** halten)	birinin hücumunu önlemek
schachmatt sein	işi bitik olmak/hali duman olmak
eine alte **Schachtel** U	ihtiyar kız/kız kurusu/evde kalmış kız

jemandem brummt der **Schädel** U	kafası şişmek/kafası kazan gibi olmak
einen dicken (od. harten) **Schädel** haben U	dik kafalı olmak/burnunun doğrusuna (veya dikine) gitmek
s. an etw. **schadlos** halten	zarar ve ziyanını bir şeyden çıkarmak
das **schwarze** Schaf (der Familie)	(ailenin) yüz karası
ein **Schaf(skopf)** sein U	kaz kafalı olmak/cennet buzağısı olmak
(eine) **Schafskälte** U	zehir gibi soğuk
sein(e) **Schäfchen** im trockenen haben	tuzu kuru olmak/işi tıkırında olmak
sein(e) **Schäfchen** scheren (od. ins trockene bringen)	küpünü doldurmak
s. in **Schale** werfen U	iki dirhem bir çekirdek giyinmek
jemandem sitzt der **Schalk** im Nacken	(çok) şakacı olmak/ölüyü güldürmek/bir kol çengi olmak
(etw. ist) **Schall** und Rauch	lafügüzaf
schnell (od. langsam) **schalten**	jeton çabuk düş(me)mek
alle **Schaltjahre**	kırk yılda bir
ein **Schandfleck** sein	yüz karası olmak
ein **Schandmaul** sein S	ağzı bozuk olmak/küfürbaz olmak
auf etw. **scharf** sein U	bir şey gözünde (veya burnunda) tütmek/bir şeye can atmak
auf jemanden **scharf** sein	biri için deli divane olmak/yanıp tutuşmak
jemanden **scharfmachen**	birini kışkırtmak
jemanden (od. etw.) in den **Schatten** stellen	birini (veya bir şeyi) gölgede bırakmak/birinin (veya bir şeyin) pabucunu dama atmak
nicht über seinen **Schatten** springen können	huyunu değiştirememek
nur noch ein **Schatten** seiner selbst sein L	canlı cenazeye dönmek
etw. zur **Schau** stellen	bir şeyi göz önüne sermek
jemandem die **Schau** stehlen	birini arka plana atmak/gölgede bırakmak
eine **Schau** abziehen U, T	numara yapmak
Schaum vor dem Mund haben	(öfkeden) köpürmek
(nur) **Schaum** schlagen U	boş laf etmek
s. von etw. eine **Scheibe** abschneiden (können) U	bir şeyi örnek almak
zum **Schein**	yalancıktan
eines **Scheißdrecks** wegen S	bok yoluna/boku bokuna

vom **Scheitel** bis zur Sohle	tepeden tırnağa
jemanden über den **Schellenkönig** loben R	birini (överek) göklere çıkarmak/telleyip pullamak/ballandıra ballandıra anlatmak
nach **Schema** F	kör değneğini beller gibi
sein **Scherflein** zu etw. beitragen B	çorbada tuzu bulunmak/karınca kararınca katkıda bulunmak
Scherz beiseite!	şaka (maka) bir yana
Scheuklappen haben U	gerçeklere karşı gözünü yummak
essen (od. fressen od. einhauen) wie ein **Scheunendrescher** U	obur olmak/pisboğaz olmak
s. in etw. **schicken**	bir şeye boyun eğmek
jemanden **schief** ansehen U	birine yan bakmak
schief gewickelt sein U, R	yanılgıda olmak
schiefgehen U	ters gitmek/cıvımak/yatmak/suya düşmek
etw. ist zum **Schießen** U, R	buna köpekler (kediler) bile güler
wie ein **Schießhund** aufpassen	kuş uçurtmamak/göz açtırmamak
jemand hat das **Schießpulver** (auch) nicht (gerade) erfunden U	mankafa olmak
Schiffbruch erleiden	baştan kara etmek
etw. (nichts Gutes od. Böses) im **Schilde** führen	niyeti bozuk olmak
jemanden auf den **Schild** heben L	birini başkan etmek
jemanden mit **Schimpf** und Schande (davonjagen, od. fortjagen, od. wegjagen)	birini kapı dışarı etmek/paçasından tutup atmak
mit jemandem **Schindluder** treiben U	birinin ensesinde boza pişirmek
jemanden auf die **Schippe** nehmen U	birini alaya (veya maytaba) almak/biriyle dalga geçmek
etw. im **Schlaf** können	bir şeyi ezbere bilmek/gözü kapalı söylemek
Schlag auf Schlag	ardı ardına
wie vom **Schlag** gerührt (od. getroffen) sein	beyninden vurulmuşa dönmek/eşekten düşmüş karpuza dönmek
ein **Schlag** ins Wasser	başarısızlıkla sonuçlanan iş
schlagfertig sein	hazırcevap olmak
eine **Schlange** am (od. an seinem) Busen nähren B	koynunda yılan beslemek
schlecht und recht	iyi kötü

zu **Schleuderpreisen** (verkaufen)	yok pahasına satmak
jemandem auf die **Schliche** kommen (od. hinter jemands **Schliche** kommen) U	birinin foyasını meydana çıkarmak
s. aus der **Schlinge** ziehen	canını (veya hayatını, paçasını) (son anda) kurtarmak
jemandem auf den **Schlips** treten U	birinin damarına (veya bamteline) basmak / birinin dalına binmek
s. auf den **Schlips** getreten fühlen	rencide olmak
mit jemandem **Schlitten** fahren U	birini yerden yere çalmak
jemandem ein **Schloß** vor den Mund hängen	birinin ağzına kilit vurmak
Schlösser in die Luft bauen	İspanya'da şatolar kurmak / başında kavak yelleri esmek / bir akçe ile dokuz kubbeli hamam yapmak
heulen wie ein **Schloßhund**	hüngür hüngür ağlamak
rauchen (od. qualmen) wie ein **Schlot** U	baca gibi olmak (baca gibi sigara içmek)
den **Schlund** nicht voll (genug) kriegen U	doymak bilmemek / açgözlü olmak
bei jemandem ist **Schmalhans** Küchenmeister	ot yok, ocak yok
etw. (od. jemanden) in den **Schmutz** ziehen	bir şeye (veya birine) çamur (veya bok) atmak
ein **Schmutzfink** sein U	üstünden pislik akmak
reden, wie einem der **Schnabel** gewachsen ist U	sözünü esirgememek / dobra dobra konuşmak
jemandem bleibt der **Schnabel** sauber R	ağzını havaya (veya poyraza) açmak / avucunu yalamak
den **Schnabel** nicht halten können U	çenesini tutamamak / boşboğazlık etmek
halt den **Schnabel** ! U	çeneni kapa (veya tut) !
eine **Schnatterbase** sein	dırdır etmek / zırıldamak / boşboğazlık (veya gevezelik) etmek
eine große **Schnauze** haben U	farfaralık etmek / ileri geri konuşmak
die **Schnauze** halten U	çenesini tutmak (veya kapamak)
die **Schnauze** (von etw.) (gestrichen) voll haben U	gına getirmek / canına yetmek / canına tak demek
etw. auf die **Schnauze** bekommen U	papara (veya zılgıt) yemek

jemandem die **Schnauze** polieren S	birinin suratını paçavraya (veya çarşamba pazarına) çevirmek
jemanden zur **Schnecke** machen U	birini adamakıllı ıslatmak (veya paylamak)/yerin dibine geçirmek
s. in sein **Schneckenhaus** verkriechen	kabuğuna çekilmek
im **Schneckentempo**	ayağının altında karınca ezilmemek/deve yürüyüşü/kaplumbağa yürüyüşü
alter **Schnee** (od. **Schnee** von gestern) U	bıldır geçen turnalar
s. freuen wie ein **Schneekönig** R	deli gibi sevinmek/etekleri zil çalmak/ayakları yere değmemek
s. **schneiden** (od. geschnitten haben) U	fena halde yanılmak
jemanden **schneiden** U	birini görmemezlikten gelmek
frieren wie ein **Schneider**	(üşümekten) tiril tiril titremek
einen (guten) **Schnitt** machen	çok kâr etmek/bir işten kârlı çıkmak
schnurzegal sein U R	vız gelip tırıs gitmek
das wird ja immer **schöner**! U	işler sarpa sarıyor
etw. in den **Schornstein** schreiben (können)	buza yazmak/üstüne fatiha okumak
wie ein **Schornstein** rauchen (od. qualmen)	baca gibi olmak (baca gibi sigara içmek)
im **Schoß** der Familie	aile ocağında
jemanden in die **Schranken** fordern L	birine meydan okumak
jemanden in die (od. seine) **Schranken** verweisen	birine haddini bildirmek
eine **Schraube** ohne Ende	yılan hikâyesi
bei jemandem ist eine **Schraube** locker (od. los) U	tahtası eksik olmak
eine alte **Schraube** U	cadaloz/kocakarı
jamendem einen **Schreck** einjagen	birine korku vermek/birinin ödünü koparmak
eine **Schreckschraube** U	cadaloz/cadı karı
der letzte **Schrei**	son moda
auf **Schritt** und Tritt	adım başı(nda)
Schritt halten (mit jemanden)	ayak uydurmak
den ersten **Schritt** tun	ilk adımı atmak
von echtem **Schrot** und Korn (sein)	sapına kadar (olmak)
wo drückt dich denn der **Schuh**? U	derdin ne?/sıkıntın ne?

jemandem etw. in die **Schuhe** schieben U	(suçu) birinin üstüne atmak
s. die **Schuhsohlen** (od. **Schuhe**) nach etw. ablaufen U	(bir şey için) taban tepmek
in jemands **Schuld** stehen	birine şükran borcu olmak
seine **Schuld** auf jemanden abwälzen	suçu başkasının üstüne atmak
Schuld auf s. laden	suç işlemek
mehr **Schulden** als Haare auf dem Kopf haben U	uçan kuşa borcu olmak / gırtlağa kadar borç içinde olmak
die **Schule** schwänzen	okulu kırmak
jemandem die kalte **Schulter** zeigen	birine dirsek çevirmek / sırt çevirmek
etw. auf die leichte **Schulter** nehmen	bir şeye fazla önem vermemek
jemanden über die **Schulter** ansehen	birine tepeden (veya yüksekten) bakmak
auf beiden **Schultern** Wasser tragen R	herkese mavi boncuk dağıtmak / hem İsa'yı hem Musa'yı memnun etmek
etw. auf seine (eigenen) **Schultern** nehmen	bir yükü üstüne almak
Schulter an **Schulter**	omuz omuza
jemandem wie **Schuppen** von den Augen fallen	gözü açılmak / ayağı suya ermek
keinen **Schuß** Pulver wert sein U	beş para etmemek
weit vom **Schuß** sein U	tehlike dışında olmak
es regnet **Schusterbuben** (od. **Schusterjungen**) R	bardaklardan boşanırcasına yağmur yağmak
in **Schutt** und Asche legen L	kül kömür etmek / yerle bir etmek
schwach werden	zayıf düşmek / yağı erimek
jemanden **schwachmachen**	a) birini ayartmak b) birini yumuşatmak c) birinin cinlerini tepesine çıkarmak
Schwamm drüber ! U	üstüne bir sünger çekelim ! / bu konuyu kapatalım !
schwanen: jemandem **schwant** etw. U	içine doğmak
den **Schwanz** einziehen (od. den **Schwanz** zwischen die Beine nehmen) U	kuyruğunu kısmak / süklüm püklüm olmak
etw. am **Schwanz** aufzäumen	bir işi tamamen ters yapmak

um jemanden (herum) **schwänzeln** U	birine yaltaklanmak
(da kannst du) warten, bis (du) man **schwarz** (wirst) wird U	bekle babam bekle
jemandem nicht das **Schwarze** unter dem Nagel gönnen U	birine her şeyi çok görmek
ins **Schwarze** treffen	turnayı gözünden vurmak
schwarzsehen U	karamsar olmak
etw. in der **Schwebe** lassen	bir işi askıda (vey muallakta) bırakmak
Schwein haben U	şansı yaver gitmek/aşığı cuk oturmak
im **Schweiße** seines Angesichts B	alnının teriyle
(wie) in **Schweiß** gebadet sein	ter içinde kalmak
jemandem **schwerfallen**	zor gelmek
den **Schwindel** (schon) kennen U	kül yutmamak/faka basmamak
der ganze **Schwindel** U	hepsi birden/top yekûn
s. einen **Schwips** antrinken U	kafayı çekmek (veya dumanlamak)
jemanden in den **Schwitzkasten** nehmen U	birini baskı altında tutmak/sıkıştırmak
Schwung holen	hız almak
keinen **Schwung** haben	hiç canlılığı olmamak
in **Schwung** bringen	harekete getirmek/canlandırmak
in **Schwung** kommen	harekete gelmek/canlılık kazanmak
jemandem etw. auf die **Seele** binden (od. an die **Seele** legen)	birine bir şeyi hararetle tavsiye etmek
eine **Seele** von einem Menschen (od. von Mensch)	evliya gibi adam
jemandem die **Seele** aus dem Leib fragen	birine ahret suali sormak
etw. liegt jemandem auf der **Seele**	içine (veya yüreğine) dert olmak
jemandem in der **Seele** weh tun	içi (veya yüreği) sızlamak
s. die **Seele** aus dem Leib arbeiten R	(çalışmaktan) canı burnuna gelmek
jemandem aus der **Seele** sprechen	birinin içinden geçenleri söylemek
s. die **Seele** aus dem Leib reden (od. brüllen)	ağzını yormak
die **Segel** streichen (od. einziehen)	yelkenleri suya indirmek
mit (od. unter) vollen **Segeln**	pupa yelken

den **Seinen** gibt's der Herr im Schlaf B	Allah yürü ya kulum demiş
etw. auf die **Seite** bringen (od. schaffen)	birini ortadan kaldırmak
s. auf jemands **Seite** stellen (od. auf jemands **Seite** stehen, od. jemandem zur **Seite** stehen)	birinden yana çıkmak / birinin tarafını tutmak
s. die **Seiten** halten (vor Lachen)	gülmekten katılmak (veya patlamak)
wie warme (od. frische) **Semmeln** weggehen U	kapış kapış gitmek
(überall, immer) seinen **Senf** dazugeben (müssen) U	sorulmadan lafa karışmak
auf lange **Sicht**	uzun vadeli
mit einem **Sieb** Wasser schöpfen	kalburla su taşımak
wie mit **Siebenmeilenstiefeln** (laufen)	dev adımlarla (koşmak)
s. etw. aus dem **Sinn** schlagen	bir şeyi aklından (veya kafasından) çıkarmak
jemandem in den **Sinn** kommen	aklına gelmek / aklından geçmek / hatırına gelmek
seine fünf **Sinne** (nicht, od. nicht mehr) beisammen haben	aklı başında ol(ma)mak
einen sechsten **Sinn** (für etw.) haben	altıncı hissi olmak
keinen **Sinn** für etw. haben	bir şeyden anlamamak
anderen **Sinnes** werden	fikrini değiştirmek
nicht (recht) bei **Sinnen** sein	aklını kaçırmak / aklından zoru olmak
einen **sitzen** haben U	çakırkeyif olmak
jemanden **sitzenlassen** U	birini ekmek / ortada (veya yarı yolda) bırakmak
kein **Sitzfleisch** haben U	bir yerde duramamak
zum (od. bis aufs) **Skelett** abgemagert sein	kadidi çıkmak / canlı cenaze olmak
s. auf die **Socken** machen U	yola koyulmak
von den **Socken** sein U	şaşakalmak
s. (nach etw.) die **Sohlen** ablaufen U	(bir şey) için taban tepmek
es brennt jemandem unter den **Sohlen** U	paçaları tutuşmak
s. an jemands **Sohlen** heften	birinin peşine düşmek
auf leisen **Sohlen**	sessizce / çıt çıkarmadan

an die **Sonne** kommen	açığa çıkmak/meydana çıkmak
auf der **Sonnenseite** des Lebens (stehen) L	talih yüzüne gülmüş olmak
einen **Sonnenstich** bekommen	güneş çarpmak (veya vurmak)
ein **Sonntagskind** sein L	şansı hep yaver gitmek
jemandem **spanisch** vorkommen U	şüpheli görünmek
spannen: auf etw. gespannt sein U	merakından ölmek/sabırsızlıkla beklemek
zum **Spaß**	şakacıktan
Spaß beiseite!	şaka (maka) bir yana
keinen **Spaß** verstehen	şaka kaldırmamak
mit jemandem (od. etw.) ist nicht zu **spassen**	şakası olmamak/şaka götürmemek
ein **Spaßverderber** sein	oyunbozan olmak
ein **Spaßvogel** sein	şakacı olmak/bir kol çengi olmak/ölüyü güldürmek
das pfeifen die **Spatzen** von den Dächern (od. von allen Dächern) U	Mısırdaki sağır sultan bile duydu/duymayan kalmadı/yedi mahalle duydu
ein **Spatzenhirn** haben U	kuş beyinli olmak/kaz kafalı olmak
Speck ansetzen	yağ bağlamak
im **Speck** sitzen U	bir eli yağda, bir eli balda olmak
an den **Speck** 'rangehen U	bir işe cesaretle başlamak
s. etw. (nicht) hinter den **Spiegel** stecken (können) U	yabana at(ma)mak/kulağına küpe et(me)mek
jemandem den **Spiegel** vorhalten	birinin hatalarını yüzüne vurmak
ein abgekartetes **Spiel**	danışıklı dövüş
(jemandem) das **Spiel** verderben	a) oyunbozanlık etmek b) birinin planlarını bozmak/işlerini karıştırmak
mit jemandem leichtes Spiel haben	birinin kolayca hakkından gelmek/biriyle kolayca başa çıkmak
bei jemanden gewonnenes **Spiel** haben	a) partiyi kazanmış olmak b) tehlikeyi atlatmış olmak
mit jemanden sein **Spiel** treiben	birini alaya almak/biriyle dalga geçmek
mit jemandem ein falsches **Spiel** treiben	birine kötü oyun oynamak
auf dem **Spiel** stehen	tehlikede bulunmak
etw. aufs **Spiel** setzen	bir şeyi tehlikeye atmak
jemanden (od. etw.) aus dem **Spiel** lassen	birini (veya bir şeyi) işe karıştırmamak

ein **Spiel** mit dem Feuer U	ateşle (veya barutla) oynamak
etw. ins **Spiel** bringen	bir şeyi işe karıştırmak
wie am **Spieß** brüllen (od. schreien) U	cıyak cıyak (veya bangır bangır, veya direk direk) bağırmak
den **Spieß** umdrehen U	birine karşı onun silahıyla cevap vermek
Spießrutenlaufen (müssen)	meraklı (veya düşmanca) bakışlar arasından geçmek
spindeldürr sein U	boynu armut sapına dünmek
spinnen U	saçmalamak/zırvalamak
an der **Spitze** (stehen, liegen)	önde bulunmak/başta gelmek
Spitze sein U	harika olmak
etw. auf die **Spitze** treiben	bir şeyi ifrata vardırmak/çok ileri gitmek
einer S. die **Spitze** abbrechen	bir şeyi zararsız hale getirmek
etw. **spitzkriegen** U	işin içyüzünü öğrenmek
splitter(faser)nackt sein U	çırılçıplak olmak/anadan doğma olmak
spottbillig sein U	sudan ucuz olmak/bini bir para olmak
es verschlägt jemanden die **Sprache** U	dili tutulmak/nutku tutulmak/küçük dilini yutmak
die **Sprache** auf etw. bringen	lafı bir yere getirmek/bir konuyu ortaya getirmek
mit der **Sprache** herausrücken	baklayı ağzından (veya dilinin altından) çıkarmak
nicht (recht) mit der **Sprache** heraus(rücken (wollen)	lafı gevelemek/kemküm etmek
die **Sprache** verloren haben U	dili tutulmak/nutku tutulmak
sprachlos (vor Staunen) sein	şaşkınlıktan küçük dilini yutmak
die **Spreu** vom Weizen trennen B	iyiyi kötüden ayırt etmek
etw. **springen** lassen U	a) kesenin ağzını açmak b) ikramda bulunmak
(große) **Sprüche** machen (od. reißen) U	atıp tutmak
auf einen **Sprung** (vorbeikommen)	ateş almaya gelmek/kısaca uğramak
immer auf dem **Sprung** sein	ayağı üzengide olmak
keine großen **Sprünge** machen können U	tuttuğu işlerde pek ileri gidememek
jemandem auf die **Sprünge** helfen U	birine destek olmak
jemandem bleibt die **Spucke** weg U	ağzını bıçaklar açmamak/nutku (veya dili) tutulmak/küçük dilini yutmak

jemands **Spur(en)** verlieren	birinin izini kaybetmek
jemanden auf die (richtige) **Spur** bringen	birine ipucu vermek
jemandem auf die **Spur** kommen	birinin foyasını meydana çıkarmak
keine **Spur** (od. nicht die **Spur**)	ne gezer
spurlos verschwinden	yerinde yeller esmek / (sanki) yer yarılıp da içine girmek
mit etw. **Staat** machen U	gösteriş yapmak
ein **Staatsgeheimnis** sein	devlet sırrı olmak
ein **Stachel** in jemands Fleisch sein B	birinin ömür törpüsü olmak
das **Stadtgespräch** sein	dillere destan olmak / herkesin ağzında (veya dilinde) olmak / alemin ağzına sakız olmak
jemandem eine **Standpauke** halten U, R	birine zılgıt vermek / birini adamakıllı ıslatmak
jemandem die **Stange** halten	birinin tarafını tutmak / birinden yana çıkmak
bei der **Stange** bleiben	yolundan dönmemek / sebat göstermek
jemandem den **Star** stechen	birinin gözünü açmak
s. aus dem **Staub(e)** machen U	toz olmak / kösteği kırmak / dümeni kırmak / kirişi kırmak / sırra kadem basmak / firara kadem basmak
(viel) **Staub** aufwirbeln U	tantana yaratmak / ortalığı birbirine katmak
jemanden (od. etw.) wie eine **Stecknadel** im Heuhaufen suchen	fellik fellik aramak / dört dönmek
keine **Stecknadel** konnte zu Boden fallen	iğne atsan yere düşmez
so leise, daß man keine **Steck-nadel** zu Boden fallen hört(e)	çıt çıkmamak
stehlen: jemand (od. etw.) kann mir gestohlen bleiben U bleiben U	bana vız gelir tırıs gider / üstüne turp sıkarım
jemandem den **Steigbügel** halten	birinin yükselmesine yardım etmek
jemandem fällt ein **Stein** vom Herzen	yüreğine su serpilmek / içi ferahlamak / yüreği yağ bağlamak
keinen **Stein** auf dem anderen lassen B	taş üstünde taş bırakmamak / yerle bir etmek
es (ge)friert **Stein** und Bein	ayaz kesmek / Ayaz paşa kol geziyor

Stein und Bein schwören	etmedik yemin bırakmamak
bei jemandem einen **Stein** im Brett haben	biriyle yıldızı barışık olmak / biriyle arası iyi olmak
der **Stein** des Anstoßes sein	kırgınlığa sebep olmak
jemandem **Steine** in den Weg legen	birine güçlük çıkarmak / birinin eşeğini yokuşa sürmek
jemandem die **Steine** aus dem Weg räumen	birinin işlerini kolaylaştırmak
zum **Steinerweichen** (sein)	yürekler acısı olmak
steinreich sein	altın (veya para) babası olmak
an deiner **Stelle**	senin yerinde olsaydım
auf der **Stelle**	tez elden / sıcağı sıcağına
auf der **Stelle** treten	yerinde saymak
nicht von der **Stelle** kommen	bir arpa boyu ilerleyememek
kein **Sterbenswörtchen** sagen L	dünya kelamı etmemek / ağzını bıçaklar açmamak
jemands **Stern** geht auf L	yıldızı parlamak
jemands **Stern** ist im Sinken L	yıldızı sönmek
auf einem anderen **Stern** leben	dünyadan haberi olmamak
(für jemanden) die **Sterne** vom Himmel holen wollen	biri için her türlü fedakrlığı yapmak
nach den **Sternen** greifen	olmayacak duaya amin demek
unter einem glücklichen (od. günstigen, od. guten) **Stern** stehen L	talih (veya şans) yüzüne gülmek
unter einem glücklichen (od. günstigen, od. guten) **Stern** geboren sein L	şansı hep yaver gitmek
sternhagelvoll sein U	fitil gibi olmak / zil zurna sarhoş olmak / zom olmak / küfelik olmak / bulut gibi olmak / burnunun ucunu görememek
jemanden im **Stich** lassen	birini ekmek / yaya (veya yolda) bırakmak
jemandem einen **Stich** (ins Herz) versetzen	birinin içini sızlatmak / yüreğini cız ettirmek
einen **Stich** haben U	tahtası eksik olmak
einen (guten, od. gewaltigen, od. tüchtigen) **Stiefel** vertragen können U	iyi içki kaldırmak
einen **Stiefel** zusammenreden U	saçmalamak / zırvalamak
stiefeln: gestiefelt und gespornt	ayağı üzengide / yola çıkmaya hazır
Stielaugen machen (od. bekommen, od. kriegen) U	hırsla bakmak / gözlerini dört açmak

den **Stier** bei (od. an) den Hörnern packen (od. fassen, od. nehmen) U	öküzü boynuzundan yakalamak (bir işe cesaret etmek)
stiften gehen U	sıvışmak
in **Stimmung** kommen	keyiflenmek/keyfi yerine gelmek
nicht in **Stimmung** sein	keyifsiz (veya neşesiz) olmak/keyfi (veya neşesi) yerinde olmamak
in **Stimmung** bringen	neşelendirmek/keyiflendirmek
eine **Stippvesite** machen R	kısaca uğramak/ateş almaya gelmek
jemandem die **Stirn** bieten	(birine) göğüs germek
über etw. die **Stirn** runzeln	kaşlarını çatmak
die **Stirn** haben, etw. zu tun	(bir şeyi yapmaya) yüzü olmak
über **Stock** und Stein	dere tepe demeyip/dağ taş aşarak
dastehen, als habe man einen **Stock** verschluckt U	baston yutmuş gibi durmak
stockbesoffen sein U	vgl. ‚sternhagelvoll sein'
stockfinster sein	zifiri karanlık olmak/zindan gibi (karanlık) olmak
s. einen **Stoß** geben	bütün kuvvetini bir araya toplamak
jemandem einen **Stoß** versetzen (od. geben)	birine bir darbe indirmek
am selben **Strang** ziehen	iş birliği etmek
über die **Stränge** schlagen U	işi azıtmak/cıvıtmak/gemi azıya almak/su koyuvermek
jemanden auf die **Straße** setzen	birini kapı dışarı etmek/sokağa atmak/işine son vermek
auf der **Straße** sitzen	sokakta (veya ortada) kalmak/başını sokacak yeri olmamak
jemandem einen (bösen) **Streich** spielen	birine kötü bir oyun oynamak/birine Ali Cengiz oyunu oynamak
einem **Streit** vom Zaun brechen	çıngar çıkarmak
jemandem einen **Strich** durch die Rechnung machen	birinin işlerini karıştırmak (veya altüst etmek)
jemanden nach **Strich** und Faden verprügeln U	birini evire çevire dövmek/eşek sudan gelinceye kadar dövmek
jemandem gegen den **Strich** gehen	işine gelmemek/hoşuna gitmemek
keinen **Strich** tun	elini bile sürmemek/parmağını bile oynatmamak
einen **Strich** unter etw. machen	(bir) yaprağı kapatmak
nur mehr ein **Strich** sein	hayali fener olmak/kadidi çıkmak/çöp gibi olmak
jemandem einen **Strick** aus etw. drehen	suçu birinin üstüne atmak

wenn alle **Stricke** reißen U	başka çare kalmazsa / son ihtimal olarak
(leeres) **Stroh** dreschen	saçma sapan (veya abuk sabuk) konuşmak
Stroh im Kopf haben U	cennet buzağısı olmak
wie ein **Strohfeuer** sein	saman alevi gibi olmak
s. an einem **Strohhalm** klammern	uçan kuştan medet ummak
nach einem (od. jedem) **Strohhalm** greifen	denize düşüp yılana sarılmak
über einen **Strohhalm** stolpern	denizi geçip çayda boğulmak
ein **Strohkopf** sein U	ahmak (veya budala, enayi) olmak
gegen den **Strom** schwimmen	herkes gider Mersin'e, o gider tersine
in **Strömen** regnen (od. gießen)	bardaklardan boşanırcasına yağmur yağmak
ein **Stubenhocker** sein	kül kedisi olmak
ein starkes **Stück** ! U	vay canına ! / vay anasını !
s. (für jemanden) in **Stücke** reißen lassen	(biri için) parçalanmak
große **Stücke** auf jemanden halten	birini adam yerine koymak
(nur) **Stückwerk** sein	yarım yamalak olmak
vom **Stuhl** fallen U	(şaşkınlıktan) apışıp kalmak / eşekten düşmüş karpuza dönmek
jemandem den **Stuhl** vor die Tür setzen	birini kapı dışarı etmek / bohçasını koltuğuna vermek
s. zwischen zwei (od. alle) **Stühle** setzen (od. zwischen zwei (od. allen) **Stühlen** sitzen)	bütün imkânları kaçırmak / iki cami arasında beynamaz kalmak
(etw.) mit **Stumpf** und Stiel ausrotten	köküne kibrit suyu ekmek / kökünü kurutmak / dibine darı ekmek
jemands (letzte) **Stunde** hat geschlagen	eceli gelmek
wissen, was die **Stunde** geschlagen hat U	durumun vehametini bilmek
ein **Sturm** im Wasserglas L	bir bardak suda fırtına
Sturm läuten	şiddetle zile basmak / kapıları indirmek
ein **Sündenbock** sein B	şamar oğlanı olmak
ein **Sündengeld** (kosten)	dünyanın parası etmek
jemandem eine (schöne) **Suppe** einbrocken U	birinin başına iş açmak / birinin başına çorap örmek
die **Suppe** auslöffeln (müssen,) (die man s. eingebrockt hat) U	burnundan fitil fitil gelmek / cezasını (veya belasını) çekmek

jemandem die **Suppe** versalzen (od. in die **Suppe** spucken) U	birinin planlarını baltalamak / neşesini kırmak / sevincini bozmak / başarısına mani olmak
Süßholz raspeln	tatlı sözler söylemek

T

von **Tag** zu Tag	günden güne
s. einen vergnügten **Tag** machen	felekten bir gün çalmak / gününü gün etmek
jemands **Tage** sind gezählt L	günleri sayılı olmak
am hellen (od. hellichten) **Tage**	güpegündüz
etw. an den **Tag** bringen	ortaya dökmek / meydana çıkarmak
etw. zu **Tage** fördern	vgl. ‚an den Tag bringen'
die **Tage** zählen (, bis ...)	(bir şeyi) iple çekmek / dört gözle beklemek
den **Tag** vor dem Abend loben	dereyi görmeden paçaları sıvamek
(schon) bessere **Tage** gesehen haben	güngörmüş olmak
den lieben langen **Tag**	sabah akşam dememek / her Allah'ın günü
in den **Tag** hinein leben	günü gününe yaşamak
eines schönen **Tages**	günlerden bir gün
tagaus, tagein	her Allah'ın günü
zur **Tagesordnung** übergehen	aldırış etmemek
etw. aufs **Tapet** bringen	bir şeyi söz konusu etmek / gündeme getirmek
einen **Tapetenwechsel** vornehmen	hayatını değiştirmek / hayatında değişiklik yapmak
(aufspringen) wie von der **Tarantel** gestochen	apansızın, birdenbire (yerinden fırlamak)
jemandem auf der **Tasche** liegen U	birinin sırtından geçinmek / birinin parasını yemek / birinin boynuna (kesesine) yük olmak
s. die **Taschen** füllen	(yağmur yağarken) küpünü (kesesini) doldurmak
etw. fest in der **Tasche** haben U	çantada keklik olmak
jemanden in die **Tasche** stekken (können) U	birini (beceride vs.) cebinden çıkarmak
tief in die **Tasche** greifen- (müssen)	kesenin ağzını açmak
s. in die eigene **Tasche** lügen U	kendini kandırmak
eine trübe **Tasse** U	yavan insan

nicht alle **Tassen** im Schrank haben U	keçileri kaçırmış olmak/kafadan kontak olmak
jemanden auf frischer **Tat** ertappen	birini suç üstü yakalamak
jemanden vor vollendete **Tatsachen** stellen	birine emrivaki yapmak
von **Tau** und Tag L	şafakla/karga bokunu yemeden/sabah sabah/sabahın köründe
warten, daß (od. bis) einem die gebratenen **Tauben** in den Mund fliegen	armut piş ağzıma düş diye beklemek
wie im **Taubenschlag** U	cayır cayır (işlemek)
ein **Tausendsassa** sein U	yaman (herif) olmak/on parmağında on marifet olmak
jemanden zum **Tempel** hinausjagen R	birini kapı dışarı etmek/bohçasını koltuğuna vermek
pfui **Teufel** ! U	yuh !
jemanden reitet der **Teufel**	şeytan dürttü
hol ihn (od. dich) der **Teufel**! U	boyu(n) devrilsin/canı(n) çıksın/adı(n) batsın/boynu(n) altında kalsın/suratını şeytan görsün
den **Teufel** an die Wand malen U	belayı davet etmek/ağzını hayıra açmamak
das weiß der **Teufel** ! U	ne bileyim ben !
jemanden zum **Teufel** jagen U	vgl. ‚jemanden zum Tempel hinausjagen'
den **Teufel** im Leib haben	ele avuca sığmamak/cıva gibi olmak
des **Teufels** sein	keçileri kaçırmış olmak
in **Teufels** Küche geraten (od. kommen)	başı derde (belaya) girmek/hapı yutmak/şapa oturmak
geh (od. scher dich) zum **Teufel** ! U	cehennem ol !/defol !
der **Teufel** ist los U	kıyamet koptu/kan gövdeyi götürüyor
ein **Teufelskreis** sein	kısır döngü olmak
Theater spielen (od. **Theater** vorspielen, vormachen, od. **Theater** machen)	numara yapmak
du hast wohl **Tinte** gesoffen! S	keçileri mi kaçırdın!
(schön) in der **Tinte** sitzen U	hapı yutmuş olmak/hali duman olmak/başı belada (dertte) olmak/şapa oturmuş olmak/ayvayı yemiş olmak
(schön) in die **Tinte** geraten U	hapı yutmak/şapa oturmak/başı belaya (derde) girmek

etw. unter den **Tisch** kehren	bir şeyi örtbas etmek/söz konusu etmemek
(das ist) starker **Tobak**! R	yenir yutulur şey değil
dem **Tod** (noch mal) von der Schippe springen (od. gesprungen sein) U	ölümden kıl payı kurtulmak
mit dem **(Tod(e)** ringen	ölümle çarpışmak/can çekişmek
der **Tod** sitzt jemandem im Nacken L	Azrail'e bir can borcu olmak/ayağını sürümek/son demlerinde olmak
jemanden zu **Tode** erschrecken	birinin ödünü koparmak/aklını başından almak
zu **Tode** erschrocken sein	ödü kopmak/aklı başından gitmek
zu **Tode** betrübt sein	üzüntüsünden ölmek
todgeweiht sein L	günleri sayılı olmak
totsicher sein U	şüphe götürmemek
eine treulose **Tomate** sein U	vefasız olmak
der gute **Ton**	görgü
den **Ton** angeben	etrafına hakim olmak
große **Töne** reden (od. spukken, od. dicke **Töne** reden) U	büyük söylemek/üst perdeden konuşmak/bülbül gibi ötmek
einen anderen **Ton** (od. eine andere Tonart) anschlagen	biriyle daha sert konuşmak
etw. od. jemanden in den höchsten **Tönen** loben	ballandıra ballandıra anlatmak/göklere çıkarmak/yağlayıp ballamak/telleyip pullamak
hast du (da noch) **Töne**? U, R	dilini mi yuttun?
tonangebend sein	vgl. ‚den Ton angeben'
wie **Topf** und Deckel zusammenpassen U	tencere düşmüş (yuvarlanmış), kapağını bulmuş
alles in einen **Topf** werfen U	fark gözetmemek
s. **totärgern** U	fena halde öfkelenmek
s. **totlachen** U	gülmekten katılmak
in einer **Tour** U	durmaksızın/hiç aralıksız
die **Tour** kenne ich! U	bana da mı lololo
(ständig) auf (der) **Tour** sein	leyleği havada görmek
auf **Touren** kommen U	hareketlenmek/heyecanlanmak
krumme **Touren** machen U	dolap çevirmek/kirli işler çevirmek
jemanden auf **Trab** bringen	birini harekete geçirmek
eine **Tracht** Prügel bekommen (od. kriegen)	iyi bir kötek yemek
in **Tränen** ausbrechen	hüngür hüngür ağlamak
in **Tränen** schwimmen	ip gibi gözyaşı dökmek
Tränen lachen	gülmekten gözlerinden yaş gelmek

es fällt jemandem nicht im **Traum** ein	rüyada görse hayra yormamak/aklının kenarından (ucundan) bile geçmemek
s. etw. nicht **träumen** lassen	rüyada görse inanmamak
jemandem einen **Tritt** in den Hintern geben U	birinin kıçına tekme atmak
nur ein **Tropfen** auf einen (od. den) heißen Stein L	devede kulak
nicht ganz (od. recht) bei **Trost** sein U	kafadan kontak olmak
im **Trüben** (od. trüben Wasser) fischen	bulanık suda balık avlamak
Trübsal blasen	sıkıntı çekmek/sefalet içinde olmak
seinen **Trumpf** ausspielen	kozlarını oynamak
auf jemanden wirken wie ein rotes **Tuch**	birinin damarına basmak
mit jemandem **Tuchfühlung** aufnehmen	biriyle sıkıfıkı olmak
das **Tüpfelchen** (od. das Pünktchen) auf dem (od. aufs) I	en ufak ayrıntı
(jemandem) mit der **Tür** ins Haus fallen U	kapı yapmadan/zemin hazırlamadan/damdan düşer gibi/pattadak (birine bir şeyden bahsetmek)
jemandem die **Tür** vor der Nase zuschlagen U	kapıyı birinin suratına çarpmak
s. (noch) eine **Tür** offenhalten	açık kapı bırakmak
an alle(n) **Türen** klopfen	kapı kapı dolaşmak
vor der **Tür** stehen	kapıya dayanmak/gelip çatmak/eli kulağında olmak
offene **Türen** einrennen U	açık kapıları zorlamak
zwischen **Tür** und Angel U	ayak üstü/kaşla göz arasında
einer S. (od. jemanden) (mit etw.) **Tür** und Tor öffnen	rıza göstermek/gönül hoşluğu ile izin vermek
hinter verschlossenen **Türen**	gizli kapaklı
vor verschlossenen **Türen** stehen (od. (nur) verschlossene **Türen** finden)	ilgi bulamamak
jemandem stehen (noch) alle **Türen** offen	önünde bütün kapılar açık olmak
jemandem die **Tür** weisen	birini kapı dışarı etmek
Türklinken putzen U	kapı kapı dolaşmak
von **Tuten** und Blasen keine Ahnung haben	dünyadan haberi olmamak

U

jemandem etw. **übelnehmen**	birinin kusuruna bakmak
überall zuhause sein	kırk ev kedisi olmak
überall und nirgends zuhause sein	yeri yurdu belli olmamak
überfüttert sein	gına getirmek/canına tak demek
jemandem eins (od. ein paar) **überziehen** U	birine sopa atmak/birine sopa çekmek
etw. für jemanden **übrig** haben	birinden hoşlanmak
jemandem bleibt nichts anderes **übrig**	yapacak başka hiç bir şey kalmamış olmak/tek çaresi olmak
in **Übung** bleiben	formda kalmak/formunu korumak
aus der **Übung** sein	formdan düşmek/formunu kaybetmek
ins **Uferlose** gehen	sonsuz olmak/ucu bucağı olmamak
wissen, was die **Uhr** geschlagen hat	işin ciddiyetini kavramak
in anderen **Umständen** sein	ağır ayak olmak
ein **Umstandskrämer** sein	ince eleyip sık dokumak
ein **Ungeheuer** (von einem Menschen) sein	canavar gibi adam olmak
ungehobelt sein	yontulmamış olmak/ayı gibi olmak
von schwerem **Unglück** betroffen sein	yüreği yaralı olmak
in sein **Unglück** rennen	belasını aramak
ein **Unglücksrabe** (od. **Unglückswurm**) sein	kısmeti bağlı olmak/alnının yazısı kötü olmak
(bei jemandem) in **Ungnade** fallen	birinin gözünden düşmek
nichts für **ungut** !	kusura bakma(yın) !
s. in **Unkosten** stürzen	masrafa girmek/masraf etmek
eine **Unmenge** von etw. U	dünya kadar/bir sürü
ein **Unmensch** sein U	gaddar olmak/kalpsiz (acımasız) olmak
s. (od. jemanden) **unmöglich** machen	(kendini veya birini) rezil etmek (veya kepaze etmek)
jemanden **unschädlich** machen U	birini zararsız hale getirmek
unsterblich sein L	ölümsüz olmak
unter einem **Unstern** stehen L	kısmeti bağlı olmak
ein **Unterschied** wie Tag und Nacht (od. ein himmelweiter **Unterschied**)	dağlar (veya dünya) kadar fark
sein **Unwesen** treiben	at oynatmak

V

blau wie ein **Veilchen** sein U	zom olmak/fitil (veya bulut) gibi olmak/zil zurna sarhoş olmak
s. für jemanden **verbürgen**	biri için kalıbını basmak
es (s.) mit niemandem **verderben** wollen	herkesle gül gibi geçinmek/gelen paşam, giden ağam demek
verduften U	toz olmak/tüymek
s. **verfangen**	tuzağa düşmek/oyuna gelmek
verflucht (od. verdammt) und zugenäht U	hay aksi şeytan!
s. **verflüchtigen** U	sıvışmak/kayıplara karışmak
(etw.) bis zur **Vergasung** (tun) U	(bir şeyi) bıkkınlık getirinceye kadar (yapmak)
s. etw. **vergeben**	şerefine dokundurmak
s. in etw. **vergraben**	bütün ilgisini bir şeye vermek
s. an etw. od. jemandem **vergreifen**	(bir şeye veya birine kötü amaçla) el uzatmak/tecavüz etmek
jemanden aus dem **Verkehr** ziehen U	birini ortadan kaldırmak
jemanden **verkloppen** U, R	birine dayak (veya kötek) atmak
s. in jemanden **verknallen** U	birine tutulmak/abayı yakmak/sırılsıklam aşık olmak
jemanden **verkohlen** U	birine yalan (veya dolma) yutturmak/birini alaya almak
s. mit jemandem **verkrachen** U (od. es s. mit jemandem verderben)	biriyle bozuşmak/araları açılmak/aralarından kara kedi geçmek
auf jemanden (od. etw.) ist kein **Verlaß**	ipiyle kuyuya inilmemek
nicht (oder nie) zu etw. **verlegen** sein	altında kalmamak
nichts (mehr) zu **verlieren** haben	artık kaybedecek hiç bir şeyi olmamak
jemanden **vermöbeln** U	birini pataklamak/birine dayak atmak
in jemanden **vernarrt** sein U	birine tutulmak/abayı yakmak/sırılsıklam aşık olmak
in etw. **vernarrt** sein U	bir şey bayılmak (veya bitmek)/bir şey için deli olmak
Vernunft annehmen (od. zur **Vernunft** kommen)	aklını başına almak (veya toplamak)/aklı başına gelmek
jemanden zur **Vernunft** bringen	birinin aklını başına getirmek
etw. **verpulvern** U	bir şeyi har vurup harman savurmak/çarçur etmek

etw. **verputzen** U	bir şeyi silip süpürmek
verraten und verkauft sein U	çaresiz olmak / kıç üstü oturmak
verrückt sein U	kaçık (veya zıpır) olmak
(ganz) **verrückt** sein nach jemandem U	birini deli gibi sevmek / biri için deli olmak
verrückt sein nach (od. auf) etw. U	bir şeyin hastası olmak / bir şey için deli olmak
verrückt spielen	delilik taslamak
jemanden **verrückt** machen U	birinin cinlerini tepesine (veya başına) çıkarmak
verrückt werden U	aklını oynatmak
in **Verruf** kommen	adı (kötüye) çıkmak / dillere düşmek / rezil rüsvay olmak
jemanden in **Verruf** bringen	birini rezil rüsvay etmek / birinin ipliğini pazara çıkarmak / birinin adını kirletmek
s. keinen **Vers** auf etw. machen können	bir şeye akıl sır erdirememek / bir şeye hiç bir anlam (veya mana) verememek
etw. **versauen** U	bir şeyin paçavrasını çıkarmak / çarkına okumak
etw. **versalzen** U	bir çuval inciri berbat etmek
etw. **verschleudern** U	bir şeyi çarçur etmek
in der **Versenkung** verschwinden	birdenbire ortadan kaybolmak / kayıplara karışmak / sırra kadem basmak
aus der **Versenkung** auftauchen	yeniden ortaya çıkmak / meydana çıkmak
bei jemandem **verspielt** haben	birinin gözünden düşmüş olmak
den **Verstand** verlieren	aklını kaçırmak (veya kaybetmek)
jemandem bleibt der **Verstand** stehen (od. jemandem steht der **Verstand** still)	aklı durmak / beyni durmak
s. von selbst **verstehen**	kendiliğinden anlaşılmak
s. auf etw. **verstehen**	bir işten iyi anlamak / işinin eri (veya erbabı) olmak
jemandem etw. zu **verstehen** geben	birine bir şeyi ima etmek
s. **verzehren**	kendi kendini yemek
s. **verzetteln** U	emek sarfetmek
ein **Vielfraß** sein U	obur olmak / pis boğaz olmak
jemandem die **Visage** polieren S	birinin suratını dağıtmak / birinin suratını çarşamba pazarına çevirmek
Vitamin B haben U	torpilli olmak / dayısı dümende olmak

Vogel, friß oder stirb (od. friß, **Vogel** oder stirb) U	ya bu deveyi güdersin, ya bu diyardan gidersin
den **Vogel** abschießen U	turnayı gözünden vurmak
einen **Vogel** haben U	kafadan kontak olmak/tahtası eksik olmak
ein schräger **Vogel** sein U	madrabaz olmak
s. **vollaufen** lassen U	kafa(yı) çekmek (veya tütsülemek)
aus dem **Vollen** schöpfen	bol keseden yaşamak/bir eli yağda, bir eli balda olmak
mit **Volldampf** (an etw. herangehen) U	var gücüyle/tam hızıyla
jemandem etw. **vormachen**	birine numara yapmak/yalan yutturmak
auf dem **Vormarsch** sein	revaçta olmak
jemanden auf **Vordermann** bringen U	birini adam etmek
den (od. die) **Vorreiter** machen	öncülük etmek
zum **Vorschein** kommen	ortaya (veya meydana) çıkmak
etw. zum **Vorschein** bringen	bir şeyi ortaya (veya meydana) çıkarmak

W

Wachs in jemands Hand (od. Händen) sein	birinin kuklası (gibi) olmak
weich wie **Wachs** sein	yumuşak insan olmak/yufka yürekli olmak
den **Wald** vor (lauter) Bäumen nicht sehen	bakar kör olmak/burnunun dibindekini görmemek
die **Wand** (od. **Wände**) hochgehen (od. hochklettern) (wollen) U	aklını kaçıracak durumda olmak
jemanden an die **Wand** spielen	birini gölgede bırakmak/birinin pabucunu dama atmak
mit jemandem **warm** werden U	birine ısınmak/birine kanı kaynamak
schmutzige **Wäsche** waschen	kirli çamaşırları ortaya dökmek
waschecht sein U	halis muhlis olmak/su katılmamış olmak/özbeöz olmak
ein **Waschweib** sein U	dedikodu kumkuması olmak
jemandem läuft das **Wasser** im Munde zusammen	ağzının suyu akmak
(verschieden) wie **Wasser** und Feuer sein	ikisi bir kazana koyulsa yine de kaynaşamamak/birbirine çok zıt olmak

s. über **Wasser** halten	kıt kanaat geçinmek
jemandem steht das **Wasser** bis zum Hals U	gırtlağa kadar borç içinde (veya dertleri başından aşkın) olmak
nahe am **Wasser** gebaut haben	sulu gözlü olmak
Wasser auf jemands Mühle leiten (od. gießen)	birinin ekmeğine yağ sürmek
jemandem das **Wasser** nicht reichen können	birinin eline su bile dökememek
ein stilles **Wasser** sein	yere bakan yürek yakan/gündüz külahlı, gece silahlı/içinden pazarlıklı/kapalı kutu olmak/karda yürüyüp izini belli etmemek
ins **Wasser** fallen U	suya düşmek
kein **Wässerchen** trüben können U	saman altından su yürütmek
wie ein **Wasserfall** reden	makara gibi konuşmak/Denizli horozu gibi konusmak
mit allen **Wassern** gewaschen sein U	feleğin çemberinden geçmiş olmak/şeytana pabucu ters giydirmek/anasının gözü (veya malın gözü) olmak
eine **Wasserratte** sein U	kurbağa gibi olmak (suyu çok sevmek)
reinsten **Wassers** (od. von reinstem **Wasser**)	halis muhlis/su katılmamış
jemanden in **Watte** packen	hassas birini incitmemek için dikkatli davranmak
jemandem auf den **Wecker** fallen (od. gehen) U	birinin sinirine dokunmak/kafasını ütülemek
seinen **Weg** machen	hayatta ilerlemek/başarıya ulaşmak
jemanden aus dem **Weg** räumen S	birini ortadan kaldırmak/birinin icabına bakmak/birini temizlemek/birinin başını yemek
s. jemandem in den **Weg** stellen	birinin işlerine engel olmak/ayağını kaydırmak
jemandem etw. in den **Weg** legen	birinin işlerine engel olmak
jemandem den **Weg** bereiten	birine yol açmak (işlerini kolaylaştırmak)
einen **Weg** finden	kolayını bulmak/kırıp sarmak
(seine) eigene(n) **Wege** gehen	aklına eseni yapmak
s. auf den **Weg** machen	yola koyulmak
auf dem richtigen (od. rechten) **Wege** sein	doğru yolda olmak
etw. in die **Wege** leiten	bir şeyi yoluna koymak

jemandem aus dem **Weg** gehen U	birinden bucak bucak kaçmak
jemandem nicht über den **Weg** trauen U	birinin ipiyle kuyuya inilmemek (birine hiç bir surette itimat etmemek)
weich werden	yumuşamak
jemanden **weichmachen** U	birini yumuşatmak
wenn **Weihnachten** und Ostern auf einen Tag (oder zusammen-) fallen	çıkmaz ayın son çarşambasında / balık kavağa çıktığı zaman
jemandem reinen **Wein** einschenken U	birine gerçeği bütün çıplaklığıyla anlatmak
die **Weisheit** mit Löffeln gefressen haben U	aklını peynir ekmekle yemek
mit seiner **Weisheit** am Ende sein U	sıfırı tüketmek
jemandem etw. **weismachen** U	birine bir şey yutturmak
jemanden bis zur **Weißglut** ärgern U	birini son derece kızdırmak / birini küplere bindirmek / birinin cinlerini başına (veya tepesine) çıkarmak
zu **weit** gehen	çok olmak / fazla olmak / ileri gitmek / çizmeden yukarı çıkmak
das **Weite** suchen U	tabanları kaldırmak (veya yağlamak)
zur (od. auf die) **Welt** kommen	dünyaya gelmek
hier (od. da) ist die **Welt** mit Brettern vernagelt U	yol kapalı olmak
nicht um alles in der **Welt**	dünya bir araya gelse
in jemandem (od. bei jemandem) bricht die (od. eine) **Welt** zusammen	dünya başına yıkılmak
die **Welt** aus den Angeln heben	dünyayı yerinden oynatmak
etw. aus der **Welt** schaffen	bir şeyi ortadan kaldırmak / yok etmek
die **Welt** nicht mehr verstehen L	hiç bir şey anlayamamak
etw. liegt am Ende der **Welt**	dünyanın öbür ucunda
etw. kostet nicht die **Welt**	at değil, deve değil
ohne **Wenn** und Aber	lamı cimi yok
wenn schon, denn schon	oldu olacak, kırıldı nacak
(keinen) **Wert** legen auf etw.	bir şeye değer (veya kıymet) ver(me)mek
sein **Wesen** treiben	at oynatmak
eine reine (od. weiße) **Weste** haben	yüzü ak, alnı pak olmak / lekesiz (insan) olmak
jemanden od. etw. wie seine **Westentasche** kennen U	birini veya bir şeyi avucunun içi gibi bilmek

von der **Wiege** bis zum Grabe (od. zur Bahre) L	beşikten mezara kadar
flink wie ein **Wiesel**	ayağına çabuk
auf etw. **wild** sein U	(bir şey) burnunda (veya gözünde) tütmek
mit keiner (od. nicht mit der) **Wimper** zucken U	gözünü bile kırpmamak
Wind von etw. bekommen U	bir şeyin kokusunu almak
Wind in jemands Segel sein	birinin ekmeğine yağ sürmek
in den **Wind** reden	(boşuna) çene yormak
(schnell) wie der **Wind**	şimşek hızıyla
(viel) **Wind** um etw. machen U	karışıklık, gürültü patırdı yaratmak
merken, woher der **Wind** weht U	işin aslını anlamak / ayağı suya ermek / gözü açılmak / kafasına dank etmek
s. den **Wind** um die Nase wehen lassen U	görmüş geçirmiş olmak
jemandem den **Wind** aus den Segeln nehmen	aslanın dişini sökmek
etw. in den **Wind** schlagen	bir şeyi yabana atmak
etw. in alle **Winde** zerstreuen	darmadağın etmek / çil yavrusu gibi dağıtmak
jemanden **windelweich** schlagen (od. prügeln) U	birinin döve döve pastırmasını çıkartmak / birini hallaç pamuğu gibi atmak / birini eşek sudan gelinceye kadar dövmek
gegen **Windmühlen(flügel)** kämpfen L	yel değirmenlerine karşı savaşmak (boş yere savaşmak)
viel **Wirbel** (od. einen großen Wirbel) machen um etw. U	tozu dumana katmak
so eine **Wirtschaft** ! U	ortalık dandini !
wissen, wo es lang geht U	işin püf noktasını bilmek
ach **wo** ! U	ne gezer ! / nerede o günler !
ein **Wolf** im Schafspelz	Karamanın koyunu, sonra çıkar oyunu / kuzu postuna bürünmüş / gündüz külahlı, gece silahlı
hungrig wie ein **Wolf** sein	kurt gibi acıkmak
wie durch den **Wolf** gedreht (sein) U	yorgun argın (olmak)
mit den **Wölfen** heulen	köprüden geçinceye kadar ayıya dayı demek
einen **Wolfshunger** haben U	kurt gibi acıkmak
aus allen **Wolken** fallen U	şaşa kalmak / şaşkınlıktan ağzı açık kalmak

auf (rosaroten) **Wolken** schweben	dünyayı toz pembe görmek
s. in die **Wolle** geraten U	saç saça baş başa gelmek
in der **Wolle** gefärbt (sein)	halis muhlis/su katılmamış (olmak)
jemandem das **Wort** abschneiden	birinin lafını (veya sözünü) kesmek
sein **Wort** halten	sözünü tutmak
sein **Wort** geben	söz vermek
sein **Wort** brechen	sözünü tutmamak/sözünden dönmek
jemandem das **Wort** im Munde umdrehen	birinin lafını çevirmek
jemanden beim **Wort** nehmen	birinin sözünü senet kabul etmek
jemandem ins **Wort** fallen	birinin lafını ağzına tıkamak
jemanden nicht zu **Wort** kommen lassen	birinin ağzını bile açtırmamak
an eine (offene) **Wunde** rühren	yarayı deşmek
sein blaues **Wunder** erleben U	başına geleni görmek/hayel kırıklığına uğramak
ein frommer **Wunsch**	olmayacak dua (ya amin demek)
(nichts) zu **wünschen** übrig lassen	kusurlu ol(ma)mak
ein großer **Wurf** (sein)	parlak başarı olmak
die **Würfel** sind gefallen L	olan oldu
da ist der **Wurm** drin U	bu işte bir bityeniği var
jemandem die **Würmer** aus der Nase ziehen U	(kurnazlıkla) birinin ağzından laf almak
jemandem ist etw. **Wurst** U	(bir şey birine) vız gelmek/vız gelip tırıs gitmek
es geht um die **Wurst** U	dananın kuyruğu koptu
mit der **Wurst** nach dem Schinken (od. der Speckseite) werfen U	kazın geleceği yerden tavuk esirgememek
etw. mit der **Wurzel** (od. mit allen Wurzeln) ausrotten	bir şeyin kökünü kurutmak/köküne kibrit suyu ekmek
Wurzeln schlagen U	a) kök salmak/bir yerde demir atmak (yerleşmek) b) (bir yerde durmaktan) ağaç olmak
jemanden in die **Wüste** schikken U	birinin işine son vermek
seine **Wut** an jemandem auslassen	hırsını başkasından almak
vor **Wut** kochen (od. platzen, od. schnauben) U	öfkesinden hop oturup hop kalkmak/öfkesinden burnundan solumak
s. vor **Wut** nicht mehr kennen U	afyonu başına vurmak/ateş püskürmek/gözleri dönmek/ter ter tepinmek

X

jemandem ein **X** für ein U vormachen U	birine yalan yutturmak/dolma yutturmak

Z

jemandem fällt (k)ein **Zacken** aus der Krone U	incileri mi dökülür
die **Zähne** zusammenbeißen U	dişini sıkmak/canını dişine takmak/bağrına taş basmak
bis an die **Zähne** bewaffnet (sein)	tepeden tırnağa kadar silahlı (olmak)
ein steiler **Zahn** U, T	fıstık gibi kız
jemandem auf den **Zahn** fühlen	birinin nabzını yoklamak
auf (od. für) einen hohlen Zahn reichen (od. gehen) U	dişin kovuğuna bile gitmemek
unter **Zähneklappern**	dişleri birbirine vurarak
fauler **Zauber** U	yalan dolan/hile huda
mit dem **Zaunpfahl** winken U	çok açık(ça) ima etmek
jemandem auf die **Zehen** steigen (od. treten) U	birinin damarına basmak/dalına binmek
auf **Zeichen** und Wunder hoffen	mucize beklemek
mit der **Zeit**	gitgide, zamanla
mit der **Zeit** gehen	zamana uymak/zamana ayak uydurmak
hinter seiner (od. der) **Zeit** zurückbleiben	zamana ayak uyduramamak
s. **Zeit** lassen	tavşanı araba ile avlamak (çok yavaş hareket etmek)
s. **Zeit** nehmen	bir şeye vakit ayırmak
von **Zeit** zu Zeit	arasıra, arada bir
es ist höchste **Zeit**	vakit daraldı
laß dir **Zeit**!	acelen ne!
s. die **Zeit** vertreiben	vakit geçirmek
die **Zeit** totschlagen U	zaman öldürmek
Zeter und Mordio schreien U	vaveyla koparmak
s. ins **Zeug** legen	bir işe gayretle atılmak
dummes **Zeug**! U	saçma, zırva
dummes **Zeug** daherreden	zart zurt etmek/zırvalamak/saçmalamak
jemandem (etw.) am **Zeug** flikken U	birini küçük düşürmek

über das **Ziel** hinausschießen	haddini aşmak/ifrata varmak
jemandem eine **Zigarre** verpassen U	ağzının payını vermek/adamakıllı ıslatmak, haşlamak
eine **Zigarre** verpaßt bekommen U	papara yemek/zılgıt yemek
(einen) **Zirkus** machen U	numara yapmak
aussehen, als habe man in eine **Zitrone** gebissen R	suratını ekşitmek
(nicht) zum **Zug** kommen	faaliyete geç(me)mek
in einem **Zug**	birden, bir defada
in vollen **Zügen** (genießen)	(bir şeyin) keyfini çıkarmak
in den letzten **Zügen** liegen L	can çekişmek/son nefesini vermek
die **Zügel** in der Hand haben	dizginler elinde olmak
die **Zügel** in die Hand nehmen	dizginleri ele almak
wie **Zunder** brennen	Marmara çırası gibi yanmak
die **Zunge** hängt jemandem zum Halse heraus U	(yorgunluktan, sıcaktan vs.) dili bir karış olmak
jemandem klebt die **Zunge** am Gaumen	(sıcaktan) dili damağına yapışmak/dili damağı kurumak/bağrı Kerbelaya dönmek
etw. nicht über die **Zunge** bringen	dili varmamak
etwas auf der **Zunge** haben (od. etw. liegt jemandem auf der **Zunge**)	dilinin ucunda olmak/dilinin ucuna gelmek
eine scharfe (od. spitze) **Zunge** haben	dili uzun olmak
jemandem die **Zunge** lösen	birinin dilini çözmek/birini bülbül gibi söyletmek
jemands **Zunge** löst sich	dili çözülmek
seine **Zunge** zügeln	ağzını toplamak/diline hakim olmak/dilini tutmak
seine **Zunge** im Zaum halten (od. haben)	vgl. ‚seine Zunge zügeln'
seine **Zunge** nicht zügeln können	ağzına geleni söylemek/dilini tutamamak
s. eher (od. lieber) die **Zunge** abbeißen (wollen)	ser verip sır vermemek
das **Zünglein** an der Waage sein L	ağır basmak
auf (k)einen grünen **Zweig** kommen U	başarıya ulaş(ma)mak
einen **zwitschern** U	dem çekmek/demlenmek

Wörterbuch der idiomatischen Redensarten
(türkisch-deutsch)

A

aba altından deynek sallamak	die Faust in der Tasche ballen
abayı yakmak	bis über beide Ohren verliebt sein/s. in jemanden verknallen U
abuk sabuk konuşmak	Blech reden U
acele etme (od. acelen ne)!	laß dir Zeit!
(bir şeyi) aceleye boğmak (veya getirmek)	etw. übers Knie brechen
acemi çaylak	blutiger Anfänger U
acemi çaylak olmamak	kein heuriger Hase (mehr) sein U
acısı içine çökmek	etw. geht jemandem zu Herzen/ jemandem durch und durch gehen
acısını çıkarmak	jemandem etw. (mit gleicher Münze) heimzahlen/Gleiches mit Gleichem vergelten
aç biilaç olmak	nichts im Magen haben
açgözlü olmak	den Hals (od. den Rachen, od. den Schlund) nicht voll (genug) kriegen (können) U
(bir şeyi) açığa çıkarmak	etw. zum Vorschein bringen/etw. ans Licht bringen/etw. an den Tag bringen (od. zu Tage fördern)
açığa çıkmak	zum Vorschein kommen/an den Tag kommen
açıkgöz olmak	auf Draht sein U
açık kapı bırakmak	s. (noch) eine Tür offenhalten
açık kapıları zorlamak	offene Türen einrennen
açık konuşmak	mit jemandem deutsch reden
açık vermek	s. eine Blöße geben
açıkça söylemek	kein Blatt vor den Mund nehmen
açıktan açığa söylemek	frisch (od. frei) von der Leber weg sprechen (od. reden)
açlıktan karnı guruldamak	jemandem knurrt der Magen
açlıktan nefesi kokmak	am Hungertuch nagen/arm wie eine Kirchenmaus sein

(birini) adam etmek	jemanden auf Vordermann bringen R, U
(birini) adam yerine koymak	große Stücke auf jemanden halten
(birini) adam yerine koymamak	jemanden links liegenlassen
(birini) adamakıllı ıslatmak	jemandem eine Zigarre verpassen U / jemanden die Leviten lesen U / jemandem eine Standpauke halten U
adı batsın !	der Teufel soll ihn holen !
adı çıkmak	in Verruf (od. üblen, od. schlechten Ruf) kommen (od. geraten)
(birini) adım adım takibetmek	jemandem auf dem Fuß folgen / jemanden auf den Fersen sein U
adım başı	auf Schritt und Tritt
(birinin evinden içeri) adımını atmamak	keinen Fuß über jemands Schwelle setzen
birinin adını çıkarmak (veya kirletmek)	jemanden in Verruf bringen
(birini) afaroz etmek	jemanden kaltstellen
afyonu başına vurmak	s. vor Wut nicht mehr kennen
(birinin) afyonunu patlatmak	jemanden (ganz) aus dem Häuschen bringen
ağaca çısksa pabucu yerde kalmaz	jemand ist ein gerissener Bursche
(beklemekten) ağaç olmak	Wurzeln schlagen
(birinin) ağına düşmek	jemandem ins Netz gehen
(birini) ağına düşürmek	jemanden ins Netz locken
ağır basmak	das Zünglein an der Waage sein
ağır vücut olmak	in anderen Umständen sein
ağırlığınca altın istemek	s. mit Gold aufwiegen lassen
ağız birliği etmek	in dasselbe Horn blasen (od. tuten) U
ağız dolusu sövmek	wie ein Fuhrknecht (od. wie ein Rohrspatz) schimpfen U, R
ağız yapmak	um den Brei herumreden / darum (od. drum) herumreden
ağıza düşmek	ins Gerede kommen
(şaşkınlıktan) ağzı açık kalmak	aus allen Wolken (od. Himmeln) fallen U
ağzı bozuk olmak	ein Schandmaul sein U
ağzı gevşek olmak	den Mund nicht halten können
ağzı kulaklarına varmak	über das ganze Gesicht strahlen
ağzı sıkı olmak	verschwiegen sein wie das Grab
ağzı sulanmak	jemandem läuft das Wasser im Munde zusammen

ağzı süt kokmak	(noch) nicht trocken (od. feucht, od. naß) hinter den Ohren sein / ein grüner Junge sein
ağzı var dili yok	stumm wie ein Fisch (sein)
ağzı yanmak	s. die Finger verbrennen
ağzımdan kaçırdım	es ist mir nur so herausgerutscht (od. herausgefahren) U
(birinin) ağzına bir parmak bal çalmak	jemandem Honig um den Mund schmieren
ağzına geleni söylemek	seine Zunge nicht zügeln (od. nicht im Zaum halten) können
(birinin) ağzına kilit vurmak	jemandem das Maul stopfen / jemandem den Mund verbieten
ağzında bakla ıslanmamak	vgl. ‚ağzı gevşek olmak‘
(bir şeyi) ağzından düşürmemek	etw. stets im Munde führen
(birinin) ağzından girip burnundan çıkmak	jemandem (mit etw.) in den Ohren liegen U
(birinin) ağzından laf almak	jemandem die Würmer aus der Nase ziehen U
(birinin) ağzından sakız avlamak	vgl. ‚ağzından laf almak‘
ağzından zorla laf çıkmak	mundfaul (od. maulfaul) sein
ağzını açmaya üşenmek	vgl. ‚ağzından zorla laf çıkmak‘
(birine) ağzını açtırmamak	jemanden nicht zu Wort kommen lassen
(birinin) ağzını aramak	jemandem die Würmer aus der Nase ziehen
ağzını bıçaklar açmamak	kein Sterbenswörtchen sagen
ağzını havaya (veya poyraza) açmak	baden gehen / leer ausgehen / in den Mond gucken / das Nachsehen haben / mit langer (od. einer langen) Nase abziehen / mit leeren Händen abziehen U
ağzını hayra açmamak	den Teufel an die Wand malen U
ağzını sıkı tutmak	reinen Mund halten U
(birinin) ağzını sulandırmak	jemandem den Mund wässerig machen U
ağzını toplamak	seine Zunge zügeln (od. seine Zunge im Zaum halten (od. haben)
ağzını tutmak	den Mund halten
ağzını yormak	in den Wind reden
(birinin) ağzının içine bakmak	an jemands Lippen hängen
(birinin) ağzının payını vermek	jemanden (gehörig) über den Mund fahren vgl. auch ‚adamakıllı ıslatmak‘

ağzının suyu akmak	jemanden läuft das Wasser im Munde zusammen
ağzınla kuş bile tutsa	und wenn er sich auf den Kopf stellt
Ahfeşin keçisi gibi baş sallamak	zu etw. (od. allem) ja und Amen sagen
ahım şahım ol(ma)mak	(nicht gerade) das Gelbe vom Ei sein
ahlakı bozulmak	auf die schiefe Bahn (od. Ebene) geraten
(birine) ahret suali sormak	jemandem die Seele aus dem Leib fragen/jemandem Löcher in den Bauch fragen
(birine) ahreti boylatmak	jemanden unter die Erde bringen/jemanden ins Grab bringen/jemanden ins Jenseits befördern
aile ocağında	im Schoß der Familie
(ailenin) yüz karası	das schwarze Schaf (der Familie)
akan sular durur	jetzt schlägt's (aber) dreizehn!
(birine) akıl danışmak	s. bei jemandem Rat holen/jemanden zu Rate ziehen
akıl sır erdirememek	aus etw. nicht klug werden/s. keinen Reim (od. Vers) auf etw. machen können
akıldan (veya ezbere) (söylemek)	aus dem Kopf (hersagen)
akıllanmak	Vernunft annehmen
akım derken bokum demek	s. benehmen wie ein Elefant im Porzellanladen
akıp gitmek (para)	wie Butter an (od. in) der Sonne zerrinnen (od. schmelzen)
aklı başına gelmek	jemandem wie Schuppen von den Augen fallen
aklı başında olmak	bei sich sein/bei klaren Sinnen sein
aklı başından gitmek	zu Tode erschrocken sein
aklı başından gitmiş gibi görünmek	aussehen, als hätte einem jemand die Butter vom Brot genommen (od. gestohlen)
aklı başında ol(mak)mak	seine fünf Sinne (nicht) beisammen haben
aklı başka şeylerle meşgul olmak	vgl. ‚aklı başka yerde olmak'
aklı başka yerde olmak	andere Sachen im Kopf haben
aklı durmak	jemanden bleibt der Verstand stehen
aklı fikri hep aynı şeyle meşgul olmak	mit etw. nicht fertig werden

aklı kıt olmak	eine weiche Birne haben S
aklıma sokamıyorum	das geht (od. will) mir nicht in den Kopf
aklımın kenarından bile geçmez	das fällt mir nicht im Traum ein
aklına eseni yapmak	(seine) eigene(n) Wege gehen
aklına gelmek	jemandem in den Sinn kommen
(birinin) aklına (birşey) sokmak	jemandem etw. in den Kopf setzen/ jemandem einen Floh ins Ohr setzen U
aklında tutmak	im Kopf behalten
aklından çıkarmak	s. etw. aus dem Kopf schlagen U
aklından çıkmamak	etw. geht jemandem nicht aus dem Kopf
aklından geçirmek	s. etw. durch den Kopf gehen lassen
aklından geçmek	jemandem durch den Kopf gehen
aklından gitmemek	vgl. ‚aklından çıkmamak‘
aklından zoru olmak	einen Vogel haben U
aklını başına almak	Vernunft annehmen
(birinin) aklını başına getirmek	jemanden zur Vernunft bringen
aklını başına toplamak	s. eines Besseren besinnen
(birinin) aklını başından almak	jemanden zu Tode erschrecken
(birinin) aklını çelmek	jemanden etw. in den Kopf setzen/ jemandem einen Floh ins Ohr setzen U
aklını kaçıracak durumda olmak	die Wand (od. Wände) hochklettern wollen
aklını kaçırmak	vgl. ‚aklını kaybetmek‘
aklını kaybetmek	den Verstand verlieren U
(bir şey birinin) aklını kurcalamak	etw. geht jemanden im Kopf herum
aklını oynatmak	verrückt werden U
aklını peynir ekmekle yemek	die Weisheit mit Löffeln gefressen haben
aklını yormak	s. den Kopf zerbrechen
aklını mı kaçındın	du hast sie wohl nicht alle! U
aklının ucundan bile geçmemek	etw. fällt jemandem nicht im Traum ein
akşamdan kavur, sabaha savur	von der Hand in den Mund leben
alat acele	Hals über Kopf U
(birini) alaya almak	jemanden auf den Arm nehmen U
(aşırı) alçakgönüllülük göstermek	sein Licht unter den Scheffel stellen
alemin ağzı torba değil ki, büzesin	man kann den Leuten ja nicht den Mund verbieten

alemin ağzına sakız olmak	a) ins Gerede kommen b) in aller Munde sein
(birine) Ali Cengiz oyunu oynamak	jemandem einen (bösen) Streich spielen
Allah (birine) yürü ya kulum demiş	den Seinen gibt's der Herr im Schlaf
Allah'in rahmetine kavuşmak	s. zur ewigen Ruhe begeben L
Allahtan	zum Glück
allak bullak etmek	vgl. ‚altını üstüne getirmek'
alnı ak olmak	eine reine (od. weiße) Weste haben
alnının teriyle	im Schweiße seines Angesichts
alnının yazısı kötü olmak	ein Pechvogel sein / ein Unglücksrabe (od. ein Unglückswurm) sein
altı alay üstü kalay	vgl. ‚altı kaval üstü şişhane'
altı kaval üstü şişhane	oben hui, unten pfui U
altın babası olmak	steinreich sein
altın kafeste (bülbül) olmak	im goldenen Käfig leben
altın kalplii olmak	ein goldenes Herz haben
(bir şeyin) altında kalmamak	nicht (od. nie) zu etw. verlegen sein
(bir yerin) altını üstüne getirmek	alles auf den Kopf stellen
(birine) aman dedirtmek	jemanden in (od. auf) die Knie zwingen
ana kucağındaki gibi	wie bei Muttern (sein)
ana kuzusu olmak	an Mutters Schürze (od. Schürzenband) hängen / ein Muttersöhnchen sein
anadan doğma	im Adamskostüm / splitter(faser)nackt U / wie Gott ihn (od. sie) geschaffen hat
anam avradım olsun ki . . .	ich will Meier heißen, wenn . . . / ich will einen Besen fressen, wenn . . . / ich will mich hängen lassen, wenn . . . U
anasından emdiği süt burnundan gelmek	Blut und Wasser schwitzen U
(birinin) anasından emdiği sütü burnundan getirmek	jemanden bis aufs Blut reizen (od. ärgern)
anasının gözü olmak	mit allen Hunden gehetzt sein / mit allen Wassern gewaschen sein
anasının ipliğini pazara çıkarmak	über Leichen gehen U
anca beraber kanca beraber	mitgefangen, mitgehangen
(birinin) angarya işlerini yüklenmek	die Kastanien (für jemanden) aus dem Feuer holen U
apaçık	klipp und klar / klar wie Kloßbrühe

apansızın	von heute auf morgen/Knall und Fall U
apar topar	Hals über Kopf U
apışıp kalmak	baff sein/platt (vor Staunen) sein/vom Stuhl fallen/aus allen Wolken (od. Himmeln) fallen U
(birini) aptal yerine koymak	jemanden für dumm verkaufen
(birini) Arafat'ta soyulmuş hacıya çevirmek (veya döndürmek)	jemanden bis aufs (letzte) Hemd ausplündern (od. ausziehen)
ara sıra (veya arada bir)	von Zeit zu Zeit
Arabın yalellisi	es ist immer dieselbe (od. die alte) Leier (od. dasselbe Lied) U
araları iyi olmak	mit jemanden auf gutem Fuß stehen
araları şeker renk olmak	jemandem nicht grün sein U
araları yağ bal olmak	vgl. ‚aralarından su sızmamak'
aralarından kara kedi geçmek (veya araları açılmak)	s. mit jemandem verkrachen U
aralarından su sızmamak	ein Herz und eine Seele sein/wie Pech und Schwefel zusammenhalten/dikke Freunde sein U
(hiç) aralıksız	in einer Tour
Arap olayım ki...	ich will Meier heißen, wenn.../ich will einen Besen fressen, wenn.../ich will mich hängen lassen, wenn... U
(biriyle) arası iyi olmak	bei jemandem einen Stein im Brett haben
ardı ardına	Schlag auf Schlag
(bir şeyin) ardını bırakmamak	am Ball bleiben U
arı gibi çalışkan olmak	emsig wie eine Biene sein
(birinden) arka ayakları titremek	Manschetten (vor jemandem) haben (od. kriegen) S
(bir şeyden) arka ayakları titremek	(großen usw.) Bammel haben (vor etw.) U
(birini) arka plana atmak	jemandem die Schau stehlen U
(birinin) arkasından deve kesmek	drei Kreuze hinter jemandem machen
armut piş, ağzıma düş diye beklemek	warten, daß (od. bis) einem die gebratenen Tauben in den Mund fliegen
arpacı kumrusu gibi düşünmek	Grillen fangen
(birinin) asabını bozmak	jemandem böses Blut machen
(bir şeyi) askıda bırakmak	etw. in der Schwebe lassen
aslan payı (nı almak)	(den) Löwenanteil (bekommen)

aslanın dişini sökmek	jemandem den Wind aus den Segeln nehmen
aslı astarı olmamak	aus der Luft gegriffen sein
aslı astarı olmayan şeyler söylemek	etw. aus der Luft greifen
(okulu, işi vs.) asmak	blaumachen U
(bir işi) asmak	etw. an den Nagel hängen U
aşığı cuk oturmak	Glück haben/Schwein haben U
(bir şeyi) aşırmak	etw. abstauben U
at başı beraber gitmek	ein totes Rennen (laufen) /Kopfan-Kopfrennen
at değil, deve değil	es kostet doch nicht die Welt
at oynatmak	sein Unwesen treiben
ateş almaya gelmek	eine Stippvisite machen/auf einen Sprung vorbeikommen
ateş püskürmek	Gift und Galle speien (od. spucken) U
ateşle oynamak	mit dem Feuer spielen
atını sağlam kazığa bağlamak	auf Nummer Sicher gehen
atıp tutmak	Sprüche machen U
(birini) atlatmak (veya ekmek)	jemanden abwimmeln U/jemanden abblitzen lassen U, T
atma Recep, din kardeşiyiz!	jetzt mach mal einen Punkt! U
avantajlı olmak	sein Schäfchen im Trockenen haben/gut lachen haben U
avcı zağarı gibi titremek	wie Espenlaub zittern
avucunu yala	(ja), Pustekuchen ! U, R
avucunu yalamak	leer ausgehen/in den Mond gucken U
(bir şeyi) avucunun içi gibi bilmek	etw. wie seine (Westen- od. Hosen) tasche kennen U
(bir şey veya biri) avucunun içinde olmak	etw. od. jemanden fest in der Hand haben
(birini) avucunun içine almak	jemanden um den Finger wickeln
avuç açmak	die Hand offenhalten
(birini boş yere) avutmak	jemanden an der Nase herumführen
ayağı suya ermek	jemandem gehen die Augen auf/zur Einsicht kommen/jemandem wie Schuppen von den Augen fallen U/merken, woher der Wind weht U
ayağı üzengide olmak	(immer) auf dem Sprung sein
ayağına çabuk	flink wie ein Wiesel
(birinin) ayağına düşmek	jemandem zu Füßen fallen
ayağını çabuk tutmak	die Beine unter den Arm nehmen U
(birini veya kendi) ayağını kaydırmak	jemanden (od. s.) unmöglich machen

birinin ayağını kaydırmak	s. jemandem in den Weg stellen
ayağını sürümek	der Tod sitzt jemandem im Nacken/ todgeweiht sein/ein Kind des Todes sein L
ayağını yorganına göre uzatmak	s. nach der Decke strecken
ayağının altında karınca ezilmemek	im Schneckentempo
ayak bağı (olmak)	einen Klotz am Bein (haben)
ayak uydurmak	Schritt halten mit
ayak üstü	zwischen Tür und Angel
ayakları yere değmemek	im siebten Himmel sein/(bis) an die Decke springen U
(birinin) ayaklarına kapanmak	s. jemanden zu Füßen werfen
ayaklarına kara sular inmek	s. die Beine in den Leib stehen U, R
ayaklı kütüphane olmak	ein wandelndes Lexikon sein L
(birini) ayartmak	jemanden scharfmachen
ayaz kesmek	es (ge)friert Stein und Bein
Aydedeye misafir olmak	bei Mutter Grün schlafen R
ayıp olmasın	nichts für ungut!
ayı gibi kuvvetli olmak	Bärenkräfte haben
ayı gibi olmak	jemand ist ein echter (od. ungehobelter) Bär
aynı kapıya çıkmak	Jacke wie Hose sein/gehupft wie gesprungen U
ayran budalası olmak	dumm wie Bohnenstroh sein U
ayvayı yemek	in den sauren Apfel beißen
ayvayı yemiş olmak	in der Klemme sein (od. stecken) U
ayvaz kasap hep bir hesap	Jacke wie Hose sein/gehupft wie gesprungen U
ayyam efendisi olmak	vgl. ‚ayyamcılık etmek‘
ayyamcılık etmek	sein Mäntelchen (od. die Fahne) nach dem Wind hängen
az buz olmamak	nicht von Pappe sein/nicht von schlechten Eltern sein U
Azraile bir can borcu olmak	der Tod sitzt jemandem im Nacken/ todgeweiht sein/ein Kind des Todes sein L

B

baba değil trabzan babası	ein Rabenvater sein
babaları tutmak	an die Decke gehen U
(bu her) babayiğidin harcı değil	das ist nicht jedermanns Sache

baca gibi olmak	wie ein Schlot (od. wie ein Schornstein) rauchen (od. qualmen)
(birine veya bir şeye) bağlı olmak	an jemandem (od. etw.) hängen
bağrı kerbelaya dönmek	jemandem klebt die Zunge am Gaumen
(birini) bağrına basmak	jemanden ans Herz drücken
bağrına taş basmak	sein Leid (od. seinen Kummer, od. Gram) in s. hineinfressen
bahtı kara olmak	ein schweres Los haben
baka kalmak	die Augen (weit) aufreißen U
bakar kör olmak	den Wald vor (lauter) Bäumen nicht sehen
baklayı ağzından (dilinin altından) çıkarmak	die Katze aus dem Sack lassen U/mit der Sprache herausrücken
(bir şeye) bakmaya doyamamak	s. an etw. nicht satt sehen können
bal alacak çiçeği bilmek	wissen, auf welcher Seite sein Brot gebuttert (od. mit Butter bestrichen) ist
balık istifi gibi	(dicht gedrängt) wie die Ölsardinen in der Büchse/wie die Heringe in der Tonne U
balık kavağa çıktığı zaman	am St. Nimmerleinstag/Wenn Weihnachten und Ostern zusammenfallen
(bir şeyi) ballandıra ballandıra anlatmak	etw. in den schönsten (od. verlockendsten) Farben schildern
balta ile işe girişmek	s. benehmen wie ein Elefant im Porzellanladen
baltayı taşa vurmak	einen Fauxpas begehen/ins Fettnäpfchen treten
bam teline basmak	einen wunden Punkt berühren
bana da mı lololo	die Tour kenne ich!
bana göre hava hoş	es ist mir recht
bana vız gelir	das ist mir piepe (od. das ist mir schnuppe) U, R
bangır bangır bağırmak	s. die Lunge aus dem Hals schreien (od. brüllen) U (vgl. auch ‚cıyak cıyak bağırmak') s. die Seele aus dem Leib brüllen
bardağı taşıran son damla olmak	das schlägt dem Faß den Boden aus U/das bringt das Faß zum Überlaufen U/das setzt der Sache (od. allem) die Krone auf U

bardaklardan boşanırcasına yağmak	in Strömen regnen (od. gießen) / es regnet Schusterbuben (od. Schusterjungen) U, R
barut fıçısı gibi olmak	vor Wut kochen/s. vor Wut nicht mehr kennen
barut fıçısı üstünde oturmak	(wie) auf dem (od. einem) Pulverfaß sitzen
barutla oynamak	mit dem Feuer spielen
(birini) baskı altında tutmak	jemandem Daumenschrauben anlegen/jemanden in den Schwitzkasten nehmen
bastıbacak	(kaum) ein Dreikäsehoch U
bastığı yer sağlam olmak	festen Boden unter den Füßen haben
baston yutmuş gibi durmak	jemand hat einen Stock (od. ein Lineal) verschluckt
baş başa	unter vier Augen
(biriyle veya bir şeyle) baş edememek	vgl. ‚başa çıkamamak'
(birini) baş göz etmek	jemanden unter die Haube bringen
(birini) baş tacı etmek	jemanden auf Händen tragen
(biriyle veya bir şeyle) başa çıkamamak	mit jemanden (od. etw.) nicht fertig werden
başa geçmek	ans Ruder kommen (od. das Ruder übernehmen)
başarıya ulaş (ama)mak	auf (k)einen grünen Zweig kommen
başı belaya (veya derde) girmek	in die Klemme (od. in die Patsche, od. in die Tinte) geraten U
başı dertte (veya belada) olmak	in der Klemme stecken/in der Tinte (od. in der Patsche) sitzen U
başı göğe ermek	im siebten Himmel sein/an die Decke springen U
başı havada olmak	von s. eingenommen sein
başı sonu belli olmak	Hand und Fuß haben
başı şişmek	jemandem brummt (od. raucht) der Kopf
başı yastık görmemek	die ganze Nacht kein Auge zutun (können)
başına bela getirmek	in sein Unglück rennen/s. ins eigene Fleisch schneiden
başına buyruk olmak	sein eigener Herr sein
(birinin) başına çıkmak	jemandem auf dem Kopf (od. auf der Nase) herumtanzen
(kendi) başına dert (veya iş) açmak	s. etw. einbrocken

(birinin) başına dert (veya iş) açmak	jemandem eine Laus in den Pelz setzen U
(birinin) başına ekşimek	jemandem (mit etw.) in den Ohren liegen
(bir şeyi birinin) başına kakmak	jemandem etw. aufs Butterbrot schmieren U / jemandem etw. unter die Nase reiben U
(bir şeyi) bąsına sarmak	s. etw. auf den Hals laden U
(bir şey birinin) başına vurmak	jemandem steigt etw. zu Kopf U
başında (veya biri başına) dert olmak	etw. od. jemanden am Hals haben
başında kavak yelleri esmek	(große) Rosinen (od. Flausen) im Kopf haben U
başından aşağı kaynar sular dökülmek	es läuft jemandem eiskalt (heiß und kalt) über den Rücken / wie eine kalte Dusche wirken
(bir şeyi) başından atmak	etw. über Bord werfen
başından geçmek	etw. am eigenen Leib erfahren (od. erleben) / ein Lied von etw. singen können
birini başından savmak (veya atlatmak)	jemanden abblitzen lassen U, T / jemanden abwimmeln U
başından sonuna kadar	von A bis Z
başını kaşıyacak vakti olmamak	alle Hände voll zu tun haben / die Arbeit wächst jemanden über den Kopf / vor Arbeit kaum aus den Augen sehen können
başını sokacak yeri ol(ma)mak	(k)ein Dach über dem Kopf haben
başını (pişmanlıktan) taştan vurmak	s. Asche aufs Haupt streuen B
birinin başını yemek	jemanden aus dem Weg räumen S
(bir şey birinin) başının altından çık(ma)mak	(nicht) auf jemands (eigenem) Mist gewachsen sein U / (nicht) unter jemands Regie
(birinin) başının etini yemek	jemandem (mit etw.) in den Ohren liegen
(bir şeyi şimdi) başka gözle görmek	etw. (jetzt) mit ganz anderen Augen sehen
başta gelmek	an der Spitze stehen
baştan başa	durch und durch
(birini) baştan çıkarmak	jemanden den Kopf verdrehen
baştan kara etmek	Schiffbruch erleiden
bata çıka	mit Ach und Krach / mit Hängen und Würgen U / mit Mühe und Not

(birine veya bir şeye) bayılmak	nach jemandem (od. etw.) verrückt sein U / in jemanden od. etw. vernarrt sein U
(birine bir şeyi) beğendirmek	jemandem etw. mundgerecht machen
bekle babam bekle	du kannst warten, bis du schwarz wirst U
belasını aramak	in sein Unglück rennen / s. ins eigene Fleisch schneiden
belasını çekmek	die Suppe auslöffeln müssen, die man s. eingebrockt hat U
belaya çatmak	in große Schwierigkeiten (od. Unannehmlichkeiten) geraten
belayı davet etmek	den Teufel an die Wand malen U
belayı para ile satın almak	s. ins eigene Fleisch schneiden
beleşçi olmak	etw. absahnen U
(birinin) belini bükmek	jemandem das Rückgrat brechen
belini doğrultmak	wieder auf den Beinen sein
belli olmak	etw. liegt (klar) auf der Hand
ben ona gününü gösteririm	den werde ich mir kaufen U
beni oraya toparabası bile götüremez	keine zehn Pferde bringen mich dorthin U
benim de başımdan geçti	davon kann ich ein Lied(chen) singen / wem sagst du das! U
benim için biçilmiş kaftan	es kommt mir wie gerufen
berbat olmak	im Eimer sein U
beş para etmemek	keinen Groschen wert sein / keinen Pfennig wert sein / keinen Pfifferling wert sein U / keinen Schuß Pulver wert sein U
beşikten mezara kadar	von der Wiege bis zum Grab L
beyni durmak	jemandem bleibt der Verstand stehen
beyninde şimşekler çakmak	jemandem geht ein Licht auf / jemandem wie Schuppen von den Augen fallen
beyninden vurulmuşa dönmek	wie vom Blitz getroffen sein / wie vor den Kopf geschlagen sein / wie vom Schlag gerührt sein / wie vom Donner gerührt sein
bıçak bıçağa gelmek	mit dem Messer aufeinander losgehen
bıçak kemiğe dayanmak	das Messer sitzt jemanden an der Kehle / das Wasser steht jemanden bis zum Hals
bıçaklı apaş olmak	ein Messerheld sein

(bir şeyi) bıkkınlık getirinceye kadar (yapmak)	(etw.) bis zur Vergasung (tun)
bıldır geçen turnalar	alter Schnee (od. Schnee von gestern) U
bıyık altından gülmek	s. ins Fäustchen lachen
biçilmiş kaftan	wie auf den Leib geschneidert
bin pişman olmak	s. Asche aufs Haupt streuen B
bin tarakta bezi olmak	Hansdampf in allen Gassen sein
bindiği dalı kesmek	den Ast (selber) absägen, auf dem man sitzt
bini bir para	für ein Butterbrot/für einen Apfel und ein Ei
bir akçe ile dokuz kubbeli haman yaptırmak	Luftschlösser bauen
bir arpa boyu gidememek	nicht vom Fleck kommen
bir ayağı çukurda olmak	mit einem Bein (od. Fuß) im Grabe stehen
bir ayak üstünde bin yalan söylemek	lügen wie gedruckt
bir bardak suda fırtına	ein Sturm im Wasserglas
bir çırpıda yapıvermek	etw. aus dem Ärmel schütteln/etw. mit links machen U/etw. mit dem kleinen Finger machen
(birine söyleyecek) bir çift sözü olmak	jemanden scharf ins Gebet nehmen
bir çuval inciri berbat etmek	etw. vermasseln (od. versalzen) U
(birinin) bir dediğini iki etmemek	jemandem jeden Wunsch von den (od. an den) Augen ablesen
bir defada (veya kerede)	in einem Zug
bir deri bir kemik kalmak	nichts als (od. nur noch) Haut und Knochen sein/bis auf die Knochen abgemagert sein/seine Rippen zählen können
bir eli yağda bir eli balda olmak	im Fett schwimmen (od. sitzen)/wie die Made im Speck sitzen/mit einem silbernen (od. goldenen) Löffel im Mund geboren sein
bir içim su	ein Bild von einem Mädchen
(birini) bir kaşık suda boğmak	jemanden mit Haut und Haaren verschlingen
bir kol çengi olmak	ein Spaßvogel (od. ein Witzbold) sein
bir kulağından girip öbür kulağından çıkmak	zu einem Ohr hinein, zum anderen (wieder) hinaus(gehen)
bir nefeste (veya solukta)	in einem Atemzug

bir sürü	wie Sand am Meer / in Hülle und Fülle
bir yaşına daha girmek	jemandem ganz neu sein
bir taşla iki kuş vurmak	zwei Fliegen mit einer Klappe schlagen U
birden	vgl. ‚bir defada‘
bire bin katmak	aus einer Mücke einen Elefanten machen / dick auftragen U
birinci sınıf olmak	etw. ist erstklassig
bit yeniği	ein Haar in der Suppe U
(bir işte) bit yeniği olmak	da ist der Wurm drin U / einen Haken haben U
biti kanlanmak	zu Geld kommen
bitkin (durumda) olmak	a) fix und fertig sein U b) wie durch den Wolf gedreht sein U
çok boğaz beslemek	viele Münder zu stopfen haben
boğazında kalmak	jemandem bleibt der Bissen im Halse stecken
boğazından kesmek	s. den (letzten) Bissen vom Munde absparen / s. etw. vom Munde absparen
(birinin) bohçasını koltuğuna vermek	jemandem den Stuhl vor die Tür setzen / jemanden zum Tempel hinausjagen B / jemanden zum Teufel jagen U
bohçasını toplamak	sein Bündel schnüren (müssen)
(birine) bok (veya çamur) atmak	jemanden mit Dreck bewerfen
bok götürmek	voll Dreck und Speck U
(birine) bok yemek düşmek	jemanden einen Dreck angehen U
bok voluna (veya boku bokuna)	eines Scheißdrecks wegen S
(birinin) bokunda boncuk bulmak	(mit Affenliebe) an jemanden hängen / an jemandem einen Narren gefressen haben U
(birinin) bokunu temizlemek	die Karre (od. den Karren) für jemanden aus dem Dreck ziehen
bol keseden harcamak	aus dem Vollen schöpfen
bolluk içinde	(wie) auf Rosen gebettet
bolluk içinde yaşamak	wie die Made im Speck leben
bomba gibi patlamak	wie eine Bombe einschlagen
bombok olmak	unter aller Sau sein U / hundsmiserabel sein / beschissen wie eine Hühnerleiter U
bomboş	gähnende Leere
borusu artık ötmemek	einpacken können U
boş durmak	vgl. ‚boş gezenin baş kalfası olmak‘

boş gezenin baş kalfası olmak	Maulaffen feilhalten U
boş hayeller peşinde koşmak	Luftschlösser bauen
boş laf etmek	(nur) Schaum schlagen
boş oturmak	Daumen (od. Däumchen) drehen
boş ver	mach dir nichts draus (od. daraus)
boş vermek	auf etw. pfeifen U
boşuna konuşmak	in den Wind reden
(birini) boşuna oyalamak	jemanden an der Nase herumführen
boşuna zahmet	verlorene Liebesmüh
boynu altında kalsın	der Teufel soll ihn holen !
boynu armut sapına dönmek	spindeldürr sein
(birinin) boynuna atılmak	s. jemandem an den Hals werfen
(birinin) boynuna yük olmak	jemandem auf der Tasche liegen
boynunu uzatmak	einen langen Hals machen
(birine) boynuz taktırmak	jemandem Hörner aufsetzen U
boyu devrilsin	der Teufel soll ihn holen !
boyun eğmek	den (od. seinen) Nacken beugen/s. in etw. schicken
(birinin) boyunu geçmek	jemandem über den Kopf wachsen
boyunun ölçüsünü almak	s. die Finger verbrennen
(birine) bozuk çalmak	auf jemanden sauer sein U
(biriyle) bozuşmak	es s. mit jemandem verderben/s. mit jemandem verkrachen
bu kadar kusur kadı kızında da olur	das kommt in den besten Familien vor
bu kadarı da fazla	das geht auf keine Kuhhaut U/das ist der Gipfel! U
bu sevdadan vazgeç	laß die Finger davon!
(birinden) bucak bucak kaçmak	jemandem vom Hals bleiben/jemandem drei Schritte vom Leib bleiben
bulanık suda balık avlamak	im trüben Wasser (od. im Trüben) fischen
buldukça bunamak	wenn man jemanden den kleinen Finger gibt, will er die ganze Hand
bulunmadık Bursa (veya Hint) kumaşı	ein weißer Rabe
bulut gibi olmak	blau wie ein Veilchen sein/sternhagelvoll sein U/einen in der Krone haben U
buna köpekler (veya kediler) bile güler	etw. ist zum Schießen U
burnu büyük olmak	vgl. ‚burnu Kaf Dağında olmak'
burnu Kaf dağında olmak	die (od. seine) Nase hoch tragen
burnu sürtülmek	zu Kreuze kriechen

burnumun direği kırıldı	etw. stinkt wie die Pest
burnundan fitil fitil gelmek	die Suppe auslöffeln müssen, die man sich eingebrockt hat U
(birinin) burnundan fitil fitil getirmek	jemanden bis aufs Blut reizen (od. ärgern)
burnundan solumak	vor Wut kochen (od. platzen)
(birinin) burnunu bile kanatmamak	jemandem kein Haar krümmen
burnunu karıştırmak	in der Nase bohren
(bir işe) burnunu sokmak	seine Nase in etw. stecken U
(her işe) burnunu sokmak	die (od. seine) Nase in alles (od. in jeden Dreck) stecken U/s. um jeden Dreck kümmern U/s. in jeden Quark einmischen U
(birinin) burnunu sürtmek	jemanden eins auf die Nase geben
burnunun dibinde olmak	vor jemands Nase liegen
burnunun dibindekini görmemek	den Wald vor lauter Bäumen nicht sehen
burnunun dikine (doğrusuna) gitmek	mit dem Kopf durch die Wand gehen U/einen dicken Schädel haben U/ein Dickkopf sein U
burnunun direği sızlamak	einen Stich im Herzen (od. durchs Herz) fühlen
burnunun ucunu görememek	blau wie ein Veilchen sein/sternhagelvoll sein/einen in der Krone haben
burun kıvırmak	die Nase (über etw.) rümpfen
(korkudan vs.) buz kesilmek	kalte Füße kriegen (od. bekommen)
(bic şeyi) buza yazmak	etw. in den Schornstein (od. Rauchfang) schreiben
(birini) bülbül gibi söyletmek	jemanden zum Reden bringen/jemandem die Zunge lösen
bülbülün çektiği dili belası (olmak)	s. den Mund verbrennen
bütün dertler bir arada	es kommt knüppeldick
bütün kuvvetini (bir araya) toplamak	s. einen Stoß geben
büyük konuşmak (veya söylemek)	den Mund (zu) voll nehmen/große Töne spucken/s. dick(e) tun
büyüklük taslamak	ein kleiner Gernegroß sein/neunmalklug sein wollen

C/Ç

cadaloz (veya cadı karı)	eine alte Schraube/eine Schreckschraube
cafcaf etmek	ein großes Maul haben U/das Maul (weit) aufreißen U
(bir şeyi yapmaya) can atmak	es juckt jemandem in den Fingern
caka satmak	s. aufblasen wie ein Frosch
can ciğer kuzu sarması olmak	ein Herz und eine Seele sein/wie Pech und Schwefel zusammenhalten
can çekişmek	in den letzten Zügen liegen
(birini) can evinden vurmak	einen wunden Punkt (bei jemandem) berühren
can kulağı ile dinlemek	ganz Ohr sein/die Ohren spitzen
canavar gibi adam	ein Ungeheuer von einem Menschen
(işten vs.) canı burnuna gelmek	s. (halb)tot arbeiten (od. schuften)/s. krumm und bucklig schuften/s. die Seele aus dem Leib arbeiten/wie ein Pferd arbeiten
canı(n) cehenneme !	hol ihn (dich) der Kuckuck !/geh (od. scher dich) zum Teufel !/jemand soll hingehen (od. bleiben), wo der Pfeffer wächst
canı çek(me)mek	vgl. ‚canı iste(me)mek‘
canı(n) çıksın !	der Teufel soll ihn (dich) holen !
canı gönülden	mit Leib und Seele
canı iste(me)mek	zu etw. (keine) Lust haben
(birinin) canına kıymak	jemanden kaltmachen S
(kendi) canına kıymak	s. das Leben nehmen
(birinin) canına oku(ma)mak	jemanden (nicht gleich) den Kopf abreißen U
canına susamak	seinen Kopf aufs Spiel setzen/Kopf und Kragen riskieren
canına tak demek	vgl. ‚canına yetmek‘
canına yetmek	die Nase voll haben/etw. hängt jemandem zum Halse heraus U/etw. dick haben U/überfüttert sein/jemandem zu dumm werden
(birinin) canını bağışlamak	jemanden am Leben lassen
(birinin) canını çıkarmak	jemanden den letzten Nerv töten/jemanden fertig (od. fix und fertig) machen U/jemanden bis aufs Blut ärgern (od. reizen)/jemanden bis zur Weißglut ärgern

canını dişine takmak	die Zähne zusammenbeißen/s. ins Geschirr legen
canını kurtarmak	s. (od. seinen Hals) aus der Schlinge ziehen
(birinin) canının içi olmak	jemands ein und alles sein/jemands Herzblatt sein
canla başla	vgl. ‚canı gönülden‘
canlı cenaze olmak	wie eine Leiche auf Urlaub U (od. wie eine wandelnde Leiche) U sein/nur noch ein Schatten seiner selbst sein
cayır cayır (işlemek)	wie in einem Taubenschlag U
(birini beceride vs.) cebinden çıkarmak	jemanden in die Tasche stecken (können) U
cehennem ol !	vgl. ‚canı(n) cehenneme‘
cennet buzağısı olmak	ein Schaf(skopf) sein/ein Strohkopf sein/ein Mondkalb sein U
cesaret almak (veya kazanmak)	s. ein Herz fassen/Mut fassen
cesareti kırmak	die Flinte ins Korn werfen
cesareti kırmamak	die Ohren steif halten
cesaretini kaybetmemek	s. den Mut nicht nehmen lassen
cesaretle işe başlamak	an den Speck ‚rangehen‘
cezasını çekmek	die Suppe auslöffeln müssen, die man s. eingebrockt hat U
cıva gibi olmak	das reine Quecksilber sein (od. Quecksilber im Leib haben)
cıvıtmak	über die Stränge schlagen
cıyak cıyak bağırmak	s. die Kehle aus dem Hals schreien/aus vollem Hals(e) schreien/wie am Spieß brüllen
cızlamı çekmek	abkratzen S/ins Gras beißen S
ciddiye almak	etw. ernstnehmen/s. etw. zu Herzen nehmen/etw. für bare Münze nehmen
ciğerine işlemek	jemandem (richtig) an die Nieren gehen U/jemandem durch und durch gehen U
cin gibi bakmak	vorn und hinten Augen haben
cingöz olmak	vgl. ‚cin gibi bakmak‘
cinleri başında olmak	vor Wut kochen/an die Decke gehen U
cinleri tepesine çıkmak	an die Decke gehen U
(birinin) cinlerini başına çıkarmak	jemanden (ganz) aus dem Häuschen bringen/jemanden auf die Palme bringen (od. treiben)/jemanden

	verrückt machen U / jemanden fertigmachen U / jemanden bis zur Weißglut ärgern
cumbur cemaat	mit Kind und Kegel
çabuk incinmek	die gekränkte (od. beleidigte) Leberwurst (spielen) U
çakı gibi	eine Roßnatur U
çakı gibi sağlam olmak	eine Bärennatur haben / gesund (od. munter) wie ein Fisch im Wasser sein
çakırkeyif olmak	zu tief ins Glas schauen (od. gucken) U
(bir şeyden hiç) çakmamak	keinen (blassen) Dunst von etw. haben U
çam devirmek	einen Fauxpas begehen / ins Fettnäpfchen treten
çam yarması gibi adam	ein Kerl wie ein Baum
(birine) çamur (veya bok) atmak	jemanden mit Dreck bewerfen U / jemanden in den Schmutz ziehen
çanak yalayıcı olmak	vor jemandem auf dem Bauch liegen (od. kriechen) / jemandem in den Hintern kriechen U
çantada keklik olmak	etw. (fest) in der Tasche haben
(bir şeyi) çarçur etmek	etw. verpulvern (od. verschleudern) U
çaresiz kalmak	verraten und verkauft sein U
(birinin) çarkına okumak	jemandem die Hölle heiß machen
çat kapı gelivermek	jemandem ins Haus platzen / hereingeschneit kommen
çatlasa da patlasa da	und wenn er s. auf den Kopf stellt
(bir dili) çat pat bilmek	ein paar Brocken einer Sprache können
çattık belaya	da haben wir die Bescherung (od. den Salat)! U
çay kenarında kuyu kazmak	Eulen nach Athen tragen L
çehre züğürdü olmak	häßlich wie die Nacht sein
çek arabanı !	verdufte ! U / laß dich heimgeigen ! U
(veda etmeden) çekip gitmek	s. auf Französisch verabschieden (od. empfehlen)
çekip gitmek	abdampfen U
(birini) çekememek	jemanden nicht riechen können U / jemanden nicht verknusen können U, R

(birine) çelme takmak	jemandem ein Bein stellen/jemandem einen Knüppel zwischen die Beine werfen
çene yormak	in den Wind reden/s. die Seele aus dem Leib reden
çenebaz olmak	eine Schwatzbase sein
çenesi düşük olmak	vgl. ‚çenebaz olmak'
çenesini tutmak	den Mund halten/das Maul halten U/die Klappe halten U
çetin ceviz	eine harte Nuß/ein harter Brocken
çevrilen dolabı sezmek	jemandem auf die Schliche kommen (od. hinter jemands Schliche kommen)
çıban başı deşmek	ein Geschwür aufstechen B
çığrından çıkarmak	den Bogen überspannen
çıkmaz ayın son çarşambasında	am St. Nimmerleinstag/wenn Weihnachten und Ostern zusammenfallen/wenn die Hunde mit dem Schwanz bellen
çıkmaza girmek	die Karre ist verfahren/in den Graben gehen U
çıngar çıkarmak	einen Streit vom Zaun brechen
çırıl çıplak	im Adamskostüm/splitter(faser)nackt U/wie Gott ihn (od. sie) geschaffen hat
çıt çıkmamak	so leise, daß man keine Stecknadel zu Boden fallen hört
çiçeği burnunda olmak	frischgebacken sein
(birini) çiğ çiğ yemek	jemanden mit Haut und Haaren verschlingen
(birini sevgiden) çiğ çiğ vemek	jemanden zum Fressen gern haben U
çil yavrusu gibi dağıtmak	in alle Winde zerstreuen
(birini) çileden çıkarmak	jemanden (ganz) aus dem Häuschen bringen/jemanden auf die Palme bringen (od. treiben) U
çileden çıkmak	(ganz) aus dem Häuschen geraten/aus der Haut fahren U/an die Decke gehen U
çirkef atmak	jemanden mit Dreck bewerfen U/jemanden in den Schmutz ziehen U
çiroza dönmek	nicht als (od. nur noch) Haut und Knochen sein/seine Rippen zählen können

çizmeden yukarı çıkmak	den Bogen überspannen
çizmeden yukarı çıkmamak	bei seinen Leisten bleiben
çocuk oyuncağı ol(ma)mak	das ist (k)ein Kinderspiel
çok görmek	jemandem keinen Bissen (od. nicht den Bissen Brot) gönnen/jemandem nicht das Schwarze unter dem Nagel gönnen U
çok ileri gitmek	etw. auf die Spitze treiben/über die Stränge schlagen U
çok olmak	zu weit gehen
çoktan beri	vgl. ‚çoktandır'
çoktandır	seit langem/seit Jahr und Tag
çoluk çocuk	a) mit Kind und Kegel b) junges Gemüse U
çorbada tuzu bulunmak	sein Scherflein zu etw. beitragen B
çöp gibi olmak	nur noch ein Strich sein
çöpçatan olmak	s. den (od. einen) Kuppelpelz verdienen
çürük tahtaya basmak	auf Sand bauen B
çürük temele dayanmak	auf schwachen Füßen stehen

D

dağ doğura doğura fare doğurdu	viel Geschrei und wenig Wolle R
dağ taş aşarak	über Stock und Stein
dağlar kadar fark	ein Unterschied wie Tag und Nacht/ein himmelweiter Unterschied
dalavare yapmak	ein Ding drehen U/krumme Touren machen U/Ränke schmieden
daldan dala atlamak	vom Hundertsten ins Tausendste kommen
(biriyle) dagla geçmek	jemanden auf den Arm nehmen U/mit jemanden sein Spiel treiben
(birinin) dalına binmek	jemandem auf die Nerven (od. auf den Wecker) gehen U/jemandem auf den Geist gehen U
damarı tutmak	einen Rappel bekommen U
(birinin) damarına basmak	jemandem auf die Hühneraugen (od. auf den Schlips, od. auf die Zehen) treten U/auf jemanden wirken wie ein rotes Tuch
damdan düşer gibi	wie ein Blitz aus heiterem Himmel

dananın kuyruğu koptu	die Bombe ist geplatzt/der Bart ist ab/es geht um die Wurst
danışıklı dövüş	ein abgekartetes Spiel
(bir şeyin) daniskasını bilmek	etw. aus dem Effeff können
dar kafalı olmak	vernagelt sein U/ein Brett vor dem Kopf haben U
darmadağın etmek	a) in alle Winde zerstreuen b) alles auf den Kopf stellen
davulu biz çaldık parsayı el topladı demek	den Rahm abschöpfen
(birine) dayak atmak	jemandem die Hosen stramm ziehen U/jemanden verkloppen U/jemanden vermöbeln U
dayısı dümende olmak	Vitamin B haben
debdebeli	mit Glanz und Gloria
dedikodu	Klatsch und Tratsch
dedikodu kumkuması olmak	ein Klatsch-(Läster)maul sein/eine Klatschbase sein/ein Waschweib sein
defe koymak	an die große Glocke hängen
(birini) defterden silmek	jemanden abschreiben U
defterden silinmiş olmak	bei jemandem abgemeldet sein/jemandem im Mondschein begegnen können U
değer (veya kıymet) vermek	Wert legen auf
(biri, bir şey için) deli divane olmak	(nach jemanden, etw.) verrückt sein U/auf jemanden (od. etw.) scharf sein U/in jemanden (od. etw.) vernarrt sein U
deli pösteki sayar gibi	eine Heidenarbeit
deli Raziye	ein verrücktes Huhn U
delilik taslamak	verrrückt spielen
delinin eline değnek vermek	den Bock zum Gärtner machen
dem çekmek (veya demlenmek)	einen zwitschern U
(bir yerde) demir atmak	Wurzeln schlagen
demir leblebi	ein harter Brocken/eine harte Nuß
denizde kum gibi	wie Sand am Meer/in Hülle und Fülle/eine Unmenge (von etw.)
denizde kum onda para (olmak)	Geld wie Heu (od. Dreck) haben U/im Geld schwimmen (od. fast ersticken)
denizdeki balığı pazara çıkarmak	vgl. ‚dereyi görmeden paçaları sıvamak‘
denize düşüp yılana sarılmak	nach einem Strohhalm greifen

denize su götürmek	Eulen nach Athen tragen L
denizi geçip çayda boğulmak	über einen Strohhalm stolpern
Denizli horozu gibi konuşmak	wie ein Wasserfall reden/wie ein Buch reden
derdin ne?	wo drückt dich denn der Schuh?
derdini dökmek	seinem Herzen Luft machen/sein Herz ausschütten
derdini içine atmak	sein Leid (od. seinen Kummer, od. seinen Gram) in s. hineinfressen
dere tepe demeyip	über Stock und Stein
dereden tepeden konuşmak	ins Blaue hineinreden
dereyi görmeden paçaları sıvamak	das Fell des Bären verkaufen, bevor man ihn erlegt hat/s. um ungelegte Eier kümmern/den Tag vor dem Abend loben
(birine iyi bir) ders vermek	jemandem eine Lektion erteilen/jemandem einen Denkzettel verpassen
(bir şeyi kendine) dert et(me)mek	s. (keine) Kopfschmerzen über etw. machen
(birini) desteklemek	jemandem unter die Arme greifen
dev adımlarla (koşmak)	wie mit Siebenmeilenstiefeln (laufen)
deve yapmak	s. etw. unter den Nagel reißen U
deve yürüyüşü	im Schneckentempo
devede kulak	ein Tropfen auf den heißen Stein
deveye hendek atlatmak	einen Mohren weiß waschen (wollen)
devlet sırrı olmak	ein Staatsgeheimnis sein
dırdır etmek	eine Schnatterbase sein
dış kapının arka mandalı	das fünfte Rad am Wagen
dışı seni yakar içi beni	außen hui, innen pfui U
dibine darı ekmek	mit Stumpf und Stiel ausrotten
dik kafalı olmak	einen Dickkopf haben
diken üstünde oturmak	wie auf glühenden Kohlen sitzen/wie auf Nadeln sitzen/Hummeln in den Hosen haben S
dikiş tutturmak	festen Fuß fassen
dikkat kesilmek	ganz Auge und Ohr sein
dil ebesi olmak	eine Klatschbase sein
dilden dile dolaşmak	von Mund zu Mund gehen
dile düşmek	ins Gerede kommen
dili bir karış olmak	die Zunge hängt jemandem zum Halse heraus
dili çözülmek	jemands Zunge löst sich
dili damağı kurumak	vgl. ‚dili damağına yapışmak'

dili damağına yapışmak	jemand klebt die Zunge am Gaumen
dili tutulmak	jemandem bleibt die Spucke U (od. der Atem) weg
dili uzun olmak	eine scharfe (od. spitze) Zunge haben
dili varmamak	etw. nicht über die Lippen bringen
dilinde tüy bitmek	s. den Mund fusselig reden U
dilinden düşürmemek	etw. stets im Munde führen
(birini) diline dolamak	jemanden durch den Kakao ziehen U
(birinin) dilini çözmek	jemandem die Zunge lösen
dilini mi yuttun	hast du (noch) Töne! U, R
dilini tutmak	seine Zunge im Zaum halten/seine Zunge zügeln
dilinin altında bakla olmak	etw. auf dem Herzen haben
dilinin ucuna gelmek	etw. auf der Zunge haben
dilinin ucunda olmak	vgl. ‚dilinin ucuna gelmek'
dillerde çalkalanmak	vgl. ‚dillere destan olmak'
dillere destan olmak	in aller Munde sein
dimdik (durmak)	kerzengerade (dastehen)
Dimyata pirince giderken evdeki bulgurdan olmamak	besser der Spatz in der Hand als die Taube auf dem Dach
(birini) dinden imandan çıkarmak	jemanden (ganz) aus dem Häuschen bringen/jemanden auf die Palme bringen (od. treiben) L
dinden imandan çıkmak	(ganz) aus dem Häuschen geraten/aus der Haut fahren U
dipsiz kuyu	ein Faß ohne Boden
direk direk bağırmak	s. die Kehle aus dem Hals schreien/aus vollem Hals(e) schreien
dirsek çevirmek	jemandem die kalte Schulter zeigen
diş geçirememek	auf Granit beißen
dişinden tırnağından arttırmak	s. etw. vom Munde absparen/s. den (letzten) Bissen vom Munde absparen
dişini sıkmak	die Zähne zusammenbeißen
dişinin kovuğuna bile gitmemek	das geht (od. reicht) auf (od. für) einen hohlen Zahn
dişleri birbirine vurarak	unter Zähneklappern
(birine) diz çöktürmek	vgl. ‚dize getirmek'
dize gelmek	in die Knie gehen
(birini) dize getirmek	jemanden in (od. auf) die Knie zwingen
dizginler elinde olmak	Herr im Hause sein/die Hosen anhaben/die Zügel in der Hand haben
dizginleri gevşetmek	die Zügel lockern (od. lockerlassen)

dizini dövmek	s. an die Brust schlagen
dizinin (veya dizlerinin) bağı çözülmek	weich in den Knien werden
dobra dobra söylemek	kein Blatt vor den Mund nehmen
(birini) doğduğuna doğacağına pişman etmek	jemanden bis aufs Blut reizen (od. ärgern)
(birini) doğru yola getirmek	jemanden od. etw. auf die richtige (od. rechte) Bahn bringen
doğru yolda olmak	auf dem richtigen (od. rechten) Weg(e) sein/auf rechter Bahn sein
dokuz ayın çarşambası bir arada	es kommt knüppeldick U
dolap beygiri gibi çalışmak	wie ein Pferd arbeiten
dolap çevirmek	ein Ding drehen/krumme Touren machen/Ränke schmieden
(birine) dolma yutturmak	jemanden einen Bären aufbinden/ jemanden ein X für ein U vormachen
donakalmak	wie angewurzelt dastehen
(korkudan) donuna doldurmak	die Hose(n) voll haben U
doymak bilmemek	den Rachen (od. Hals, od. Kragen) nicht voll (genug) kriegen (können) U
dört ayağının üstüne düşmek	auf die Butterseite fallen/(immer) wieder auf die Füße fallen
dört bucakta	an allen Ecken und Enden
dört dönmek	jemanden (od. etw.) wie eine Stecknadel suchen
dört gözle beklemek	die Tage zählen, bis . . .
döşek esiri olmak	ans Bett gefesselt sein/auf der Nase liegen U
(birine) duman attırmak	jemandem einheizen U
durmadan yalan atmak	lügen wie gedruckt
durmaksızın (veya dinlenmeksizin)	in einem fort/in einer Tour U
durup dururken	wie ein Blitz aus heiterem Himmel
duymayan kalmadı	das pfeifen die Spatzen von den (od. von allen) Dächern
düğüm üstüne düğüm atmak	auf seinem Geld sitzen
düğün pilavıyla dost ağırlamak	s. mit fremden Federn schmücken
düğünde zurnaya hamamda kurnaya koşmak	die Nase (od. seine Nase) in alles stecken
dümeni kırmak	s. aus dem Staub machen
dün yumurtadan çıkıp bugün kabuğunu beğenmemek	das Ei will klüger (od. gescheiter) sein als die Henne

dünya başına yıkılmak	in jemanden (od. für jemanden) bricht die (od. eine) Welt zusammen (od. stürzt die Welt ein)
dünya bir araya gelse	um alles in der Welt
dünya evine girmek	in den Hafen der Ehe einlaufen (od. im Hafen der Ehe landen)
dünya kadar	eine Unmenge (von etw.)
dünya kadar fark	ein himmelweiter Unterschied
dünya kelamı etmemek	kein Sterbenswörtchen sagen
dünyadan haberi olmamak	hinter dem Mond leben/auf einem anderen Stern leben/von Tuten und Blasen keine Ahnung haben U
dünyanın öbür ucu	hier (od. dort) ist die Welt mit Brettern vernagelt
dünyanın parası etmek	ein Sündengeld sein
dünyanın öbür ucunda	am anderen Ende der Welt
dünyaya gelmek	zur (od. auf die) Welt kommen/das Licht der Welt erblicken L
dünyayı tozpembe görmek	der Himmel hängt jemandem voller Geigen L
dünyayı yerinden oynatmak	die Welt aus den Angeln heben
(birine) dünyayı zindan etmek	jemanden die Hölle heiß machen
düşe kalka	mit Ach und Krach/mit Mühe und Not/mit Hängen und Würgen U

E

eceli gelmek	jemands Stunde hat geschlagen L
eceli yaklaşmış olmak	ein Kind des Todes sein L/todgeweiht sein L
eceline susamak	seinen Kopf aufs Spiel setzen/in sein Unglück rennen
(bir işin) ehli olmak	ein As (in etw.) sein/eine Kanone sein U
(birinin) ekmeğine yağ sürmek	Wasser auf jemands Mühle leiten/ Wind in jemands Segel sein
ekmeğine yağ sürülmek	ein gefundenes Fressen für jemanden sein U
ekmeğini taştan çıkarmak	sein Brot sauer verdienen (müssen)
ekmek elden su gölden yaşamak	den lieben Gott einen guten Mann sein lassen
eksiği gediği ol(ma)mak	(k)ein Jota
ekstra ekstra olmak	etw. ist erstklassig

el altından	unter der Hand
(bir işe) el atmak	Hand anlegen müssen
el çabuklugu ile	im Handumdrehen
(bir işten) el(ini) çekmek	den Laden hinschmeißen U
(bir işe) el koymak	die Hand (od. seine Hand, od. die Hände) auf etw. legen
(birini) el üstünde tutmak	jemanden auf den Händen tragen
(birini veya bir şeyi) elde etmeye çalışmak	nach jemandem od. etw. angeln
(bir şeyi) elden çıkarmak	etw. aus der Hand geben
elden düşme	aus zweiter Hand
elden ele dolaşmak	von Hand zu Hand gehen
ele almak	etw. in die Hand nehmen
ele avuca sığmamak	das reine Quecksilber sein (od. Quecksilber im Leib haben)/den Teufel im Leib haben
(bir şeyin) elenikasını bilmek	etw. aus dem Effeff können
eli açık olmak	eine offene Hand haben
eli bayraklı olmak	vgl. ‚eli maşalı olmak‘
eli boş dönmek	leer ausgehen/in den Mond gucken U
eli boş gelmek	mit leeren Händen ankommen
eli boş olarak	unverrichteter Dinge
eli darda olmak	knapp bei Kasse sein
eli kolu bağlı olmak	jemandem sind die Hände (od. Hände und Füße) gebunden
eli maşalı olmak	Haare auf den Zähnen haben U
eli sıkı olmak	den Beutel festhalten
eli uzun olmak	lange Finger haben (od. machen) U
elif-ba'dan başlamak	bei Adam und Eva anfangen
elifi elifine	das Tüpfelchen auf dem I
elifi elifine yapmak	Nägel mit Köpfen machen
elifi görse mertek sanmak	nicht bis drei zählen können
elim elim üstünde üstünde oturmak	die Hände in den Schoß legen/mit verschränkten Armen dastehen
elimi keserim ki, eğer...	ich will Meier heißen, wenn ... U/ich will einen Besen fressen, wenn ... U/ ich will mich hängen lassen, wenn ... U
elinde iki (çok) imkân bulunmak	zwei (mehrere) Eisen im Feuer haben
(birine karşı) elinde koz olmak	gegen jemanden etw. in der Hand haben
elinde olmak	etw. liegt (ganz) in jemands Hand
elinde olmamak	nichts dafür tun können

elinden geleni ardına koymamak	vgl. ‚elinden geleni yapmak'
elinden geleni yapmak	alle Hebel in Bewegung setzen/Himmel und Hölle in Bewegung setzen/keine Kosten und Mühen scheuen
(bir şeyi) elinden kaçırmak	etw. geht jemanden durch die Lappen U
(birinin) elinden tutmak	jemandem unter die Arme greifen
(birinin) eline düşmek	jemandem in die Hände fallen
(birinin) eline eteğine sarılmak	jemanden zu Füßen fallen
(birinin) eline su bile dökememek	jemandem nicht das Wasser reichen können
(biri için) elini ateşe sokmak	die (od. seine rechte) Hand ins Feuer legen
elini basmak (veya kesmek)	vgl. ‚elini ateşe sokmak'
elini bile sürmemek	nicht die Hand rühren
elini sallasa ellisi, başını sallasa tellisi	an jedem Finger zehn haben (können) U, T
elini vicdanına koy	Hand aufs Herz!
elinin altında olmak	etw. bei der Hand haben
elinin hamuruyla başkasının işine karışmak	jemandem ins Handwerk pfuschen
ellerini ovuşturmak	s. die Hände reiben
(birinin) emrinde olmak	nach jemands Pfeife tanzen
en ufak ayrıntı	das Tüpfelchen (od. das Pünktchen) auf dem (od. aufs) I
enayi budalası olmak	ein Strohkopf sein/ein Schaf(skopf) sein/ein Mondkalb sein
enayi dümbeleği olmak	ein Hornochse sein U
enayilik etmek	s. wie ein Rindvieh benehmen
(birinin planarına) engel olmak	jemandem in die Quere kommen
(birinin işlerine) engel olmak	jemandem etw. in den Weg legen
(bir şeyi) enine boyuna düşünmek	s. etw. durch den Kopf gehen lassen
ense yapmak	s. auf die Bärenhaut legen
ensesinde bitmek	wie aus dem Boden gewachsen (od. geschossen)
(birinin) ensesinde boza pişirmek	Schindluder mit jemandem treiben/jemanden im Genick (od. auf dem Nacken) sitzen
(birinin) ensesine yapışmak	jemandem im Nacken sitzen
er veya geç	über kurz oder lang
(bir işin) erbabı olmak	der rechte (od. richtige) Mann für etw. sein
erkeklik taslamak	den wilden Mann spielen

esamesi okunmamak	danach kräht kein Hahn
(birinin) eseri ol(ma)mak	(nicht) auf jemands (eigenem) Mist gewachsen sein/(nicht) unter jemands Regie
esip savurmak (veya yağmak)	auf achtzig (od. hundert) kommen
eski defterleri karıştırmak	(den) alten Kohl aufwärmen U, R
eski tas, eski hamam	es ist alles beim alten
eski terane	(es ist) immer dieselbe (od. die alte) Leier/es ist immer dasselbe Lied
eşek gibi çalışmak	wie ein Pferd arbeiten/s. die Seele aus dem Leib arbeiten/s. (halb)tot arbeiten (od. schuften)/s. krumm und bucklig schuften U
eşek hoşaftan ne anlar	Perlen vor die Säue werfen U
(birini) eşek sudan gelinceye kadar dövmek	jemanden windelweich schlagen/ jemanden grün und blau schlagen/ jemanden zu Brei schlagen
eşek şakası	ein fauler Witz/Dummerjungenstreich
eşek şansı olmak	(einen) Dusel haben
eşeklik (veya eşek şakası)	Dummerjungenstreich
eşeklik etmek	s. wie ein Rindvieh benehmen
eşekten düşmüş karpuza döndüm	ich denke, mich tritt ein Pferd (od. mich trifft der Schlag)/mein Hamster bohnert/mich laust der Affe/da kriegst du (doch) die Motten!
eşekten düşmüş karpuza dönmek	wie vom Schlag gerührt (od. getroffen) sein
(birinin) eşiğini aşındırmak	jemandem das Haus einlaufen
eteğiyle mum söndürmek	zwei linke Hände haben
etek (veya el etek) öpmek	vor jemandem auf dem Bauch liegen/ (vor jemandem) katzbuckeln U
etekleri tutuşmak	jemanden wird der Boden zu heiß unter den Füßen
etekleri zil çalmak	im siebten Himmel sein/(bis) an die Decke springen U
etliye sütlüye karışmak	die (od. seine) Nase in alles (od. in jeden Dreck) stecken U/s. um jeden Dreck (od. Quark) kümmern U
etmedik yemin bırakmamak	Stein und Bein schwören
etraflıca	des langen und breiten
ettiğini buldu	das geschieht jemandem recht!
evde kalmış kız	eine alte Schachtel U
evdeki pazar çarşıya uymamak	die Rechnung ohne den Wirt machen

evet efendim, sepet efendim demek	zu etw. (od. allem) ja und Amen sagen
(birini) evire çevire dövmek	jemanden nach Strich und Faden verprügeln
evliya gibi adam	eine Seele (od. ein Goldstück) von einem Mensch(en)

F

faka basmak	hereinfallen/jemandem auf den Leim gehen/in eine (od. jemandes) Falle tappen (od. gehen, od. geraten)
faka bastırmak	jemanden auf den Leim locken/jemanden hereinlegen/jemanden übers Ohr hauen/jemanden hinters Licht führen/jemanden auf Glatteis führen
fark gözetmemek	alles über einen Kamm scheren/alles über einen Leisten schlagen/alles in einen Topf werfen
fark gözetmeksizin	in Bausch und Bogen
fartası furtası olmamak	keine Grenzen kennen
fasulye sırığı gibi	lang wie eine Bohnenstange
fazla olmak	zu weit gehen
feleğin cilvesi	die (od. eine) Laune des Schicksals L
feleğin çemberinden geçmiş olmak	mit allen Hunden gehetzt sein/mit allen Wassern gewaschen sein/es faustdick hinter den Ohren haben U
felekten bir gün çalmak	s. einen vergnügten Tag machen
fellik fellik aramak	jemandem (od. etw.) wie eine Stecknadel suchen
fena halde içerlemek	jemandem ist eine Laus über die Leber gelaufen U
fena halde öfkelenmek	vor Wut kochen (od. platzen)
fena halde yanılmak	s. schneiden U
fıldır fıldır bakmak	vorn und hinten Augen haben
fındık kabuğunu doldurmayan sebepten kavga etmek	um des Kaisers Bart streiten
fındık kurdu gibi	klein, aber oho!
fırıncı küreği kadar dili olmak	ein loses (od. freches, od. böses) Mundwerk haben/wie ein Rohrspatz schimpfen U/wie ein Landsknecht fluchen U

fırsat bu fırsattır demek	die Gelegenheit beim Schopf packen
fıstık gibi kız	eine dufte Biene T
fıstık gibi olmak	zum Anbeißen (hübsch) sein U
(birinden) fikir almak	s. bei jemandem Rat holen
(bir şey hakkında) fikir edinmek	s. von etw. ein Bild machen
(bir şey hakkında) fikir sahibi olmak	im Bilde sein
fikirleri işe yaramamak	jemand kann s. begraben (od. einsalzen) lassen U
fikrini değiştirmek	anderen Sinnes werden
firrara kadem basmak	über alle Berge sein/s. aus dem Staub machen
fitil gibi sarhoş olmak	blau wie ein Veilchen sein U/sternhagelvoll sein U/einen in der Krone haben U
fiyaka satmak	s. aufblasen wie ein Frosch
formda kalmak	in Übung bleiben
formdan düşmek	aus der Übung kommen
formunda ol(ma)mak	(nicht) in Form sein
(birinin) foyasını meydana çıkarmak	jemandem auf die (od. hinter jemands) Schliche kommen/jemandem auf die Spur kommen/jemandem die Maske herunterreißen

G

gaf yapmak	einen Bock schießen
gâvura kızıp oruç bozmak	s. ins eigene Fleisch schneiden
(bir işe) gayretle atılmak	s. ins Zeug legen
gece kuşu olmak	eine Nachteule sein
geceyi sabah etmek	s. die (od. eine) Nacht um die Ohren schlagen
gelip çatmak	etw. steht vor der Tür/ins Haus stehen
gelişi güzel	auf gut Glück/aufs Geratewohl
gelişi güzel konuşmak	ins Blaue hineinreden
gemi azıya almak	über die Stränge schlagen
(birinin) gemini kısmak	jemanden an die Kandarre nehmen/jemanden kurzhalten
geniş olmak	einen breiten Rücken haben/die Ruhe weg haben U
gepgenç olmak	blutjung sein

gerçeklere gözünü yummak	den Kopf in den Sand stecken/Scheuklappen haben U
gergin hava	dicke Luft U
gerisin geriye dönmek	auf dem Absatz umkehren (od. kehrt machen)
gıcır gıcır yeni olmak	funkelnagelneu sein
gık bile dememek	nicht piep (und nicht papp) sagen U, R
gına getirmek	einer S. überdrüssig sein/etw. satt haben/die Schnauze voll haben U (vgl. auch ‚canına yetmek')
(biri veya bir şeyle) gırgır geçmek	s. über jemanden (od. etw.) lustig machen
(birini veya bir şeyi) gırgıra almak	vgl. ‚gırgır geçmek'
gırtlağa kadar borç içinde olmak	bis über den Hals in Schulden stecken/bis über die (od. beide) Ohren in Schulden stecken
(birinin) gırtlağına basmak	jemandem das Messer an die Kehle setzen
(birinin) gırtlağına sarılmak	jemandem an die Gurgel fahren
gitgide	mit der Zeit
gizli kapaklı	hinter verschlossenen Türen
gizlice göz atmak	ein Auge riskieren
gizlice sıvışmak	bei Nacht und Nebel verschwinden (od. s. davonmachen)
göbeği çatlamak	eine schwere Geburt sein
göbekleri beraber kesilmiş olmak	ein Herz und eine Seele sein/wie Pech und Schwefel zusammenhalten
göğsünü germek	s. in die Brust werfen
(birine veya bir şeye) göğüs germek	jemandem (od. etw.) die Stirn bieten
göklere çıkarmak	jemanden (od. etw.) in den Himmel loben/jemanden über den grünen Klee loben/jemanden über den Schellenkönig loben/jemanden (od. etw.) in den höchsten Tönen loben
gökte ararken yerde bulmak	ein Geschenk des Himmels sein
gölgede bırakmak	jemanden (od. etw.) in den Schatten stellen/jemandem den Rang ablaufen/jemanden an die Wand spielen/jemandem die Schau stehlen U
gönlü el ver(me)mek	etw. (nicht) übers Herz bringen
gönlü rahat ol(ma)mak	ein gutes (schlechtes) Gewissen haben

gönlünden kopmak	von Herzen kommen
gönlüne danışmak	mit s. zu Rate gehen
(birine) gönül bağlamak (veya vermek)	sein Herz verlieren (an jemanden)
gönül rahatlığı ile	mit gutem Gewissen
görmüş geçirmiş olmak	s. den Wind um die Nase wehen lassen
görücülüğe çıkmak	auf Brautschau gehen
(biriyle) görülecek hesabı olmak	mit jemandem ein Hühnchen zu rupfen haben
gösteriş yapmak	Staat machen mit etw.
göz açtırmamak	wie ein Schießhund aufpassen
(birini) göz altında tutmak	jemandem auf die Finger sehen
(veya bir şeyi) göz bebeği gibi korumak	etw. wie seinen Augapfel hüten
göz bebeği olmak	(der) Hahn im Korb sein
(birine) göz dağı vermek	jemanden ins Bockshorn jagen
göz göre göre	sehenden Auges
göz görebildiği kadar	so weit das Auge reicht
(biriyle tesadüfen) göz göze gelmek	jemandem in die Arme laufen
göz gözü görmemek	nicht die Hand vor den Augen sehen
göz hapsine almak	jemanden (od. etw.) nicht aus den Augen lassen
göz koymak (dikmek)	ein Auge auf etw. werfen
göz kulak kesilmek	Mund und Nase aufsperren
(bir şeyi) göz önüne sermek	etw. zur Schau stellen
göz yummak	ein Auge (od. beide Augen) zudrücken/bei jemandem durch die Finger sehen/jemandem etw. durchgehen lassen
(istemeyerek) göz yummak	gute Miene zum bösen Spiel machen
göz ziyafeti	Augenweide
gözden çıkarmak	s. etw. aus dem Herzen reißen
gözden çıkarmamak	etw. im Auge behalten
gözden düşmek	in Ungnade fallen
gözden sürmeği çekmek	wie ein Rabe stehlen
göze çarpmak	ins Auge fallen (od. stechen, springen)
gözleri (veya gözü) dönmek	s. vor Wut nicht mehr kennen
gözleri kararmak	jemandem wird schwarz vor den Augen
gözleri velfecri okumak	vorn und hinten Augen haben
gözlerine inanamamak	seinen Augen nicht trauen wollen
gözlerini dört açmak	die Augen offen halten

gözlerini faltaşı gibi açmak	die Augen (weit) aufreißen U
gözlerini kapamak (veya yummak)	die Augen schließen
(birini veya bir şeyi) gözleriyle yemek	jemanden (od. etw.) mit den Augen verschlingen
gözü açılmak	jemandem wie Schuppen von den Augen fallen/zur Einsicht kommen/merken, woher der Wind weht
gözü gibi sakınmak (veya korumak)	etw. wie seinen Augapfel hüten
(bir şey birinin artık) gözünde olmamak	kein Auge mehr für etw. haben
(bir şey birinin) gözünde (veya burnunda) tütmek	scharf auf etw. sein
(birinin) gözünden düşmek	bei jemanden unten durch sein/bei jemandem in Ungnade fallen
(birinin) gözüne batmak	jemandem ein Dorn im Auge sein
(birinin) gözünü açmak	jemandem die Augen öffnen (über etw.)/jemandem den Star stechen
gözünü bile kırpmamak	ohne mit der Wimper zu zucken (od. mit einer, od. nicht mit der Wimper zucken)
gözünü budaktan sakınmadan	auf Biegen oder Brechen
gözünü budaktan sakınmamak	keine Mittel und Wege scheuen
gözünü dört açmak	die Augen offenhalten/Mund und Nase aufsperren U
gözünü kan bürümek	rot sehen U
(bütün gece) gözünü kırpmamak	die ganze Nacht kein Auge zutun (können)
(birinin) gözünün bebeği olmak	jemands ein und alles sein/jemands Herzblatt sein
gözünün önünde olmak	vor jemands Nase liegen U
gudubet olmak	häßlich wie die Nacht sein
(biriyle) gül gibi geçinmek	glänzend mit jemandem auskommen
güleyim bari	daß ich nicht lache!
güllük gülistanlık	es ist alles in Butter U
gülmekten gözlerinden yaş gelmek	Tränen lachen
gülmekten katılmak (veya kasıkları çatlamak)	s. totlachen/s. ausschütten (wollen) vor Lachen/s. den Bauch halten (vor Lachen)/s. einen Ast lachen/vor Lachen brüllen
gülmekten patlamak	vgl. ‚gülmekten katılmak‘

gülmemek için kendini zor tutmak	s. das Lachen verbeißen
günah benden gitti demek	s. die Hände in Unschuld waschen B
(bir şeyi) gündeme getirmek	etw. aufs Tapet bringen
günden güne	von Tag zu Tag
gündüz külahlı gece silahlı	ein Wolf im Schafspelz
güneş çarpmak (veya vurmak)	einen Sonnenstich bekommen (od. haben)
güngörmüş olmak	(schon) bessere Tage gesehen haben
günlerden bir gün	eines (schönen) Tages
günleri sayılı olmak	jemands Tage sind gezählt/todgeweiht sein/ein Kind des Todes sein L
günü gününe yaşamak	in den Tag hinein leben
günün birinde	vgl. ‚günlerden bir gün'
günün kahramanı olmak	der Löwe des Tages sein
güpegündüz	am hellen (od hellichten) Tage
(bir şey) için gürültü patırtı yapmak (veya yaratmak, veya çıkarmak)	viel Wind (od. Wirbel) um etw. machen

H

ha Ali Hoca, ha Hoca Ali	Jacke wie Hose sein U/gehupft wie gesprungen U
ha cesaret!	Kopf hoch!
habbeyi kubbe yapmak	aus einer Mücke einen Elefanten machen/dick auftragen
(bir şeyden) haberi bile olmamak	keinen blassen Dunst von etw. haben U/keine blasse Ahnung haben U
had hudut bilmemek	weder Maß noch Ziel kennen/keine Grenzen kennen
haddini aşmak	über das Ziel hinausschießen
(birine) haddini bildirmek	jemanden in die (oder seine) Schranken verweisen
hadi bil bakalım	dreimal darfst du raten
(birine) hak vermek	jemandem recht geben
(birinin kolayca) hakkından gelmek	mit jemandem leichtes Spiel haben
hakkını aramak	auf sein Recht pochen
haklı olmak	recht haben
haksız olmak	unrecht haben
hali duman olmak	a) auf (od. aus) dem letzten Loch pfeifen U b) schachmatt sein U

halis muhlis	wie es (od. er, sie) im Buch steht/ reinsten Wassers/in Reinkultur
(birini) hallaç pamuğu gibi atmak	jemanden windelweich schlagen (od. prügeln)
halt etmek	a) Geschichten machen b) Mist bauen
halt yemek	etw. ausgefressen haben
hamam anası olmak	eine Rabenmutter sein
hangi taşı kaldırsan altından çıkmak	Hansdampf in allen Gassen sein
hanım evladı olmak	an Mutters Schürze (od. Schürzenband) hängen/ein Muttersöhnchen sein
Hanyayı Konyayı bilmemek	hinter dem Mond U (od. auf einem anderen Stern) leben/von Tuten und Blasen keine Ahnung haben U
hapı yutmak	in die Klemme (od. Patsche od. Tinte) geraten (od. kommen) U/in Teufels Küche geraten (od. kommen)
har vurup harman savurmak	etw. verpulvern (od. verschleudern) U
(parayı) har vurup harman savurmak	das Geld (od. sein Geld) auf die Straße (od. zum Fenster hinaus)werfen
(birine bir şeyi) hararetle tavsiye etmek	jemandem etw. ans Herz legen (od. auf die Seele binden)
(bu senin) harcın değil	das ist nicht deine Sache
(birini) harekete geçirmek	jemandem Dampf machen/jemanden auf Trab bringen U
harekete geçirmek	in Schwung bringen/in Gang bringen
harekete gelmek	auf Touren kommen/in Schwung kommen/in Gang kommen
harfi harfine	auf den Buchstaben genau
(bir şeyin) hastası olmak	verrückt sein nach (od. auf) etw. U
(birini) haşlamak	jemanden hart anfahren/jemandem die Leviten lesen U/jemanden eine Standpauke halten/jemandem die Hammelbeine langziehen U
(birinin) hatalarını yüzüne vurmak	jemandem den Spiegel vorhalten
hatırına gelmek	jemandem in den Sinn kommen
hava almak	baden gehen/leer ausgehen/in den Mond gucken
havacıva	das ist alles Käse (od. Kohl) U, R

havacıva konuşmak	Blech reden U
havada bulut, sen onu unut	s. etw. an den Hut stecken können U
havadan para kazanmak	s. eine goldene Nase verdienen U
havadan sudan konuşmak	ins Blaue hineinreden
havalı olmak	das gewisse Etwas haben
hay aksi şeytan !	verflucht und zugenäht (od. verflucht nochmal) ! U
hayal kırıklığına uğramak	jemandem schwimmen die Felle davon U/sein blaues Wunder erleben U
hayal meyal hatırlamak	s. dunkel erinnern (können)
hayali fener olmak	nicht als (od. nur noch) Haut und Knochen sein/nur mehr ein Strich sein
(büyük) hayaller peşinde koşmak	(große) Rosinen (od. Flausen) im Kopf haben/Luftschlösser bauen
hayat memat meselesi	es geht um Leben und Tod
(birini) hayata bağlamak	jemands Lebensgeister wecken
hayatı pahasına da olsa	koste es auch das Leben
hayatı tehlikede olmak	es geht jemandem an den Kragen/seinen Hals in der Schlinge haben
(birinin) hayatını bağışlamak	jemanden am Leben lassen
hayatını tehlikeye atmak	seinen Kopf aufs Spiel setzen/Kopf und Kragen riskieren (od. wagen)
(birinin veya kendi) hayatını zehir etmek	jemandem (od. s.) das Leben zur Hölle machen/jemandem (od. s.) das Leben sauer machen
haydi oradan !	(na,) prost Mahlzeit !/(ja,) Pustekuchen ! U, R
hayretten ağzı açık almak	die Augen (weit) aufreißen U/aus allen Wolken (od. Himmeln) fallen U
hazır cevap olmak	schlagfertig sein/nicht aufs Maul (od. auf den Mund) gefallen sein
hazıra konmak	s. in ein gemachtes Bett legen
heba olmak	im Sande verlaufen
(bir şeyi) hebaya (veya helvaya) satmak	etw. für einen Apfel und ein Ei (od. für ein Linsengericht) verkaufen (od. hergeben)
hem ağlarım hem giderim	mit einem lachenden und einem weinenden Auge
hem İsa'yı hem Musa'yı memnun etmek	auf beiden Schultern (Wasser) tragen R
hep aynı nakarat	es ist immer dieselbe (od. die alte) Leier (od. das alte Lied) U

hep bir ağızdan	aus einem Mund(e)
hepsi birden	der ganze Schwindel U
her Allah'ın günü	tagaus, tagein/den lieben langen Tag
her babayiğiden harcı değil	das ist nicht jedermanns Sache
her boka karışmak	s. um jeden Dreck kümmern
her çareye baş vurmak	alle Register ziehen
her köşe bucakta	an allen Ecken und Enden
her ne pahasına olursa olsun	um jeden Preis
her şeyde bir kusur bulmak	ein Haar in der Suppe finden
her şeye eyvallah demek	zu etw. (od. allem) ja und Amen sagen
her tarafı kırılmak	jemandem tun alle Knochen weh
her taşın altından çıkmak	Hansdampf in allen Gassen sein
herkes gider Mersin'e, o gider tersine	gegen den Strom schwimmen
hesap meydanda olmak	etw. liegt auf der Hand
hesap sormak	jemanden für etw. zur Verantwortung ziehen
hıçkıra hıçkıra ağlamak	in Tränen ausbrechen
hınca hınç dolu	(dicht gedrängt) wie die Ölsardinen in der Büchse/wie die Heringe in der Tonne
hıncını (başkasından) almak	sein Mütchen an jemandem kühlen
hınk demiş burnundan düşmüş	jemandem (wie) aus dem Gesicht geschnitten sein
hırsını başkasından almak	seine Wut an jemandem auslassen
hız almak	Schwung holen
Hızır gibi yetişmek	der rettende Engel sein
Hızır gibi yetiştin	du kommst wie gerufen
hiç bir surette	um keinen Preis
hiç kuşkusuz	das ist keine Frage
hiç tınmamak	keinen Mucks machen U/keinen Ton sagen (od. verlauten lassen)
(birini) hiçe saymak	jemanden links liegen lassen
hiçten mesele çıkarmak	mit Kanonen auf Spatzen schießen U
(birine) hiddetlenmek	auf jemanden sauer sein U
hile huda	Lug und Trug/fauler Zauber U
hinoğluhin olmak	ein gerissener Bursche sein/ein (Erz)-Gauner sein
hindi gibi kabarmak (veya şişinmek)	aufgehen wie ein Pfannkuchen (od. wie eine Dampfnudel) U
hokka gibi oturmak	wie angegossen passen (od. sitzen)
(hırstan, öfkeden vs.) hop oturup hop kalkmak	vor Wut kochen (od. platzen, od. schnauben)

(birine) hor bakmak/(birini) hor görmek	jemanden wie den letzten Dreck behandeln U
(birini veya bir şeyi) hor görmek	jemanden (od. etw.) mit Füßen treten
horul horul horlamak	einen Ast durchsägen
hoş görmek	ein Auge (od. beide Augen) zudrükken/bei jemandem durch die Finger sehen
hurdaya çıkmak	zum alten Eisen gehören
huzur içinde	mit gutem Gewissen
huzuru kaçmak	die Ruhe verlieren
(birinin) hücumunu önlemek	jemandem Schach bieten (od. jemanden in Schach halten)
hüngür hüngür ağlamak	heulen wie ein Schloßhund U/Rotz und Wasser heulen U

I, j

ıkına sıkına	mit Ach und Krach/mit Mühe und Not/mit Hängen und Würgen U
(birine) ısınmak	warm werden mit jemandem
(bir şeye) ışık tutmak	ein Licht werfen (auf etw.)
ibadullah	wie Sand am Meer/in Hülle und Fülle
(bir şeyden) ibret almak	s. etw. hinter die Ohren schreiben/s. etw. hinter die Löffel schreiben U
içi açılmak	jemandem lacht das Herz im Leibe
içi cız etmek	jemandem blutet das Herz/jemandem (etw.) in der Seele weh tun
içi götür(me)mek	es (nicht) übers Herz bringen
içi içini yemek	etw. frißt jemanden an der Leber
içi rahatlamak (veya ferahlamak)	jemandem fällt ein Stein vom Herzen
içi sızlamak	vgl. ‚içi cız etmek‘
(birinin) içinden geçenleri söylemek	jemandem aus der Seele reden
içinden gelmek	von Herzen kommen
içinden pazarlıklı olmak	ein stilles Wasser sein
içine dert olmak	etw. liegt jemandem auf der Seele
içine doğmak	jemandem schwant etw. U
içine işlemek	jemandem durch und durch gehen/jemandem (mächtig) an die Nieren gehen U
(birine) içini dökmek	jemandem das Herz (od. sein Herz) ausschütten

(birinin) içini sızlatmak	jemandem einen Stich ins Herz versetzen
(iyi) içki kaldırmak	einen guten (od. gewaltigen, tüchtigen) Stiefel vertragen können U
(biriyle) içli dışlı olmak	ein Herz und eine Seele sein/mit jemandem auf du und du sein (od. stehen)
içtikleri su ayrı gitmemek	dicke Freunde sein
(bir şeyin) içyüzünü öğrenmek	etw. spitzkriegen U
(bir şeyi) ifrata vardırmak	etw. auf die Spitze treiben
ifrata varmak	über das Ziel hinausschießen
iftihara layık olmamak	mit etw. keine Ehre einlegen
(birine) iftira atmak	jemandem etw. zur Last legen
iğne atılsa yere düşmemek	keine Stecknadel konnte auf den Boden (od. auf die Erde) fallen
iğne deliğinden Hindistanı göstermek	es faustdick hinter den Ohren haben U
iğne iplik olmak	nichts als (od. nur noch) Haut und Knochen sein/nur mehr ein Strich sein
iğne üstünde oturmak	wie auf glühenden Kohlen sitzen/wie auf Nadeln sitzen/Hummeln in den Hosen haben S
ihtimal dışı olmak	etw. kommt nicht in Frage
ihtiyar kız	eine alte Schachtel U
iki arada kalmak	vgl. ‚iki ateş arasında kalmak'
iki ateş arasında kalmak	zwischen zwei Feuer geraten
(birinın) iki ayağını bir pabuca sokmak	jemandem Beine machen
iki cami arasında beynamaz kalmak	zwischen zwei Stühlen sitzen
iki dirhem bir çekirdek	wie aus dem Ei gepellt
iki dirhem bir çekirdek giyinmek	s. in Schale werfen
iki tek atmak	s. einen ankümmeln S
iki ucunu bir araya getirmek	unter einen Hut bringen
ikide bir(de)	alle naselang
ikisini bir kazana koysalar yine kaynaşamamak	(verschieden) wie Wasser und Feuer sein
iler tutar yeri olmamak	unter aller Kanone (od. Kritik) sein U
ileri geri konuşmak	eine große Schnauze haben
ilgisizlikle karşılanmak	auf taube Ohren stoßen
iliğine kadar ıslanmak	bis auf die Knochen naß werden/keinen trockenen Faden (mehr) am Leibe haben/bis auf die Haut naß

	werden/klatschnaß (od. patschnaß, od. pitschnaß) werden
iliğine kadar işlemek	jemandem durch Mark und Bein gehen
(birini) iliğine kadar sömürmek	jemandem das Mark aus den Knochen saugen
(birinin) (kanını) iliğini kurutmak	jemanden bis aufs Blut reizen (od. ärgern)/jemanden bis aufs Mark quälen/jemanden bis zur Weißglut ärgern
ilk adımı atmak	den ersten Schritt tun
(birine bir şeyi) ima etmek	jemandem etw. zu verstehen geben
(çok açık) ima etmek	mit dem Zaunpfahl winken
in cin top oynamak	wo s. Füchse und Hasen (od. Fuchs und Hase) gute Nacht sagen
inanılacak şey olmamak	zum Jungehundekriegen sein U, R
ince eleyip sık dokumak	a) Haare spalten b) ein Umstandskrämer sein
inceden inceye tetkik etmek	etw. unter die Lupe nehmen
(bütün) incelikleriyle	mit allen Schikanen U
incilerin mi dökülür	dabei fällt dir keine Perle (od. kein Stein, kein Zacken) aus der Krone U
incir çekirdeğini doldurmayan sebepten kavga etmek	um des Kaisers Bart streiten
(bir yerin veya bir şeyin) incisi olmak	die Perle (von etw.) sein L
inim inim inlemek	ach und weh (od. weh und ach) schreien
insafı ol(ma)mak	(k)ein Einsehen haben
intikam almak	es jemandem heimzahlen
ip gibi göz yaşı dökmek	in Tränen schwimmen
ip üzengi tahta kılıç olmak	arm wie eine Kirchenmaus sein/nichts als Lumpen und Läuse haben
ipe sapa gelmek	Hand und Fuß haben
ipin ucunu kaçırmak	den Faden verlieren
(birinin) ipiyle kuyuya inilmemek	auf jemanden ist kein Verlaß/jemandem nicht über den Weg trauen
iple çekmek	die Tage zählen, bis ...
(birinin) ipliğini pazara çıkarmak	jemanden in Verruf bringen
ipsiz sapsız olmak	vgl. ‚ipe sapa gelmemek‘
(birine) ipucu vermek	jemanden auf die (richtige) Spur bringen
irili ufaklı	groß und klein

isim yapmak	s. einen Namen machen
(birini) ismen tanımak	jemanden (nur) dem Namen nach kennen
ispanyada şatolar kurmak	Luftschlösser bauen
istifini bozmamak	keinen Mucks machen
(biriyle) iş birliği etmek	am selben Strang ziehen
işe bak yahu !	das ist ein Ding ! U
işe girişmek	(s.) die Ärmel hochkrempeln U / in die Hände spucken U
(birini veya bir şeyi) işe karıştırmak	jemanden od. etw. ins Spiel bringen
(birini veya bir şeyi) işe karıştırmamak	jemanden od. etw. aus dem Spiel lassen
işi azıtmak	den Bogen überspannen / über die Stränge schlagen U
işi başından aşkın olmak	alle Hände voll zu tun haben / die Arbeit wächst jemandem über den Kopf
işi (veya derdi) başından aşkın olmak	viel um die Ohren haben
işi bitik olmak	auf (od. aus) dem letzten Loch pfeifen U / schachmatt sein U
işi çakmak	jemandem gehen die Augen auf / zur Einsicht kommen / merken, woher der Wind weht
işi iş olmak	vgl. ‚işi tıkırında olmak'
işi kolayca yapıvermek	etw. mit dem kleinen Finger machen / etw. aus dem Ärmel schütteln / etw. mit links machen U
işi (şimdilik) oluruna bırakmak	die Karre (od. den Karren) einfach laufen lassen / etw. auf Eis legen
işi tıkırında olmak	der Laden klappt U / es gut haben
işi uzatmamak	nicht viel (od. lange) Federlesens machen (mit jemandem od. etw.) U
işi yoluna koymak	etw. wieder ins Lot bringen
işi yüzüne gözüne bulaştırmak	die Karre (od. den Karren) in den Dreck fahren
işin aslını anlamak	merken, woher der Wind weht / wissen, wo es lang geht U
(daha) işin başlangıcında olmak	(noch) in den Kinderschuhen stecken
işin ciddiyetini (veya vahametini) anlamak	wissen, was die Uhr (od. Stunde) geschlagen hat
(bir) işin erbabı olmak	der rechte (od. richtige) Mann für etw. sein

işin esası	das A und O
işin içinde iş olmak	da ist der Wurm drin U / einen Haken haben / einen Pferdefuß haben
işin içinde parmağı olmak	die Hand bei etw. im Spiel haben
işin içinden çıkamamak	a) nicht klug werden (aus jemanden od. etw.) b) mit etw. od. jemandem nicht fertig werden
işin içinden sıyrılmak	s. aus der Affäre ziehen
işin kolayını bulmak	den Bogen raus haben / etw. spitzkriegen U
işin püf noktası	da liegt der Hase im Pfeffer U / da liegt der Hund begraben U
işin püf noktasını anlamak	wissen, wo es lang geht U
işin püf noktasını bilmek	den Pfiff heraushaben U
işin sakat bir tarafı olmak	etw. (od. das) geht nicht mit rechten Dingen zu
işin yolu (nu bilmek)	(alle) Mittel und Wege (kennen)
işine gel(me)mek	etw. paßt jemandem (nicht) in den Kram U
işine gelmemek	jemandem gegen den Strich gehen
(birinin) işine son vermek	jemanden in die Wüste schicken / jemanden auf die Straße setzen
işini iyi bilmek	vgl. ‚işinin ustası olmak'
işini yoluna koymak	seinen Laden in Ordnung bringen
işinin ustası olmak	(s. auf) sein Handwerk verstehen
işkembei kübradan atmak	lügen, daß s. die Balken biegen
işlerinden çekilmek	s. zur Ruhe setzen
(birinin) işlerine engel olmak	s. jemandem in den Weg stellen
(birinin) işlerini altüst etmek	jemandem einen Strich durch die Rechnung machen
işlerini yoluna koymak	wieder auf den Beinen sein
işte böyle	da beißt die Maus keinen Faden ab U
işten bile olmamak	für jemanden eine Kleinigkeit sein
(bir) işten el çekmek	den Laden hinschmeißen
itibardan düşmek	sein Gesicht verlieren
itibarını kaybetmek	bei jemanden unten durch sein U / bei jemandem in Ungnade fallen
iyi kötü	recht und schlecht
iyi tanınmak	einen guten Klang haben
iyiliğe karşı iyilikle karşılık vermek	s. erkenntlich zeigen
iyiyi kötüden ayırdetmek	die Spreu vom Weizen trennen B
(birinin) izinde olmak	in jemands Fußstapfen treten

J

jeton çabuk (geç) düşmek	schnell (langsam) schalten
jeton düştü	der Groschen ist gefallen

K

kaba tahminde bulunmak	über den Daumen peilen
kabak başına patlamak	etw. ausbaden müssen
kabak tadı vermek	fad werden
kabir azabı çekmek	(wie) auf glühenden Kohlen sitzen
(birine) kabir suali sormak	jemandem die Seele aus dem Leib fragen / jemandem Löcher in den Bauch fragen
kabuğuna çekilmek	s. in sein Schneckenhaus verkriechen
kaçacak delik aramak	s. am liebsten in ein Mauseloch verkriechen (wollen)
kaçık olmak	verrückt sein U / (als Kind) zu heiß gebadet worden sein U
kaçın kurrası olmak	ein alter Hase sein U
kaderin cilvesi	die (od. eine) Laune des Schicksals
kaderine razı gelmek	sein Kreuz auf s. nehmen
kadidi çıkmak	nur mehr ein Strich sein
Kaf Dağının arkasında	am Ende der Welt
(bir dili) kafa göz yararak konuşmak	radebrechen
kafa kafaya vermek	die Köpfe zusammenstecken
kafa (sını) patlatmak	s. den Kopf zerbrechen
kafa yormadan kavramak	s. etw. an den (fünf, zehn) Fingern abzählen können
kafa (sını) yormak	vgl. ‚kafa patlatmak‘
kafadan atmak	s. etw. aus den Fingern saugen
kafadan kontak olmak	einen Dachschaden haben U / nicht alle Tassen im Schrank haben U / bei jemanden ist eine Schraube locker U / nicht ganz (od. recht) bei Trost sein U
kafalı olmak	nicht auf den Kopf gefallen sein
kafası işlemek	Köpfchen haben / ein kluger Kopf sein
kafası kazan gibi olmak	jemandem brummt der Kopf (od. der Schädel) U
kafası şişmek	vgl. ‚kafası kazan gibi olmak‘

kafasına dank etmek	jemandem wie Schuppen von den Augen fallen/merken, woher der Wind weht
kafasından çıkarmak	s. etw. aus dem Kopf schlagen U
kafasını bile kesseler bir şeyi yapmamak	s. eher die (rechte) Hand abhacken lassen, als etw. zu tun
(öfkeden vs.) kafasını duvarlara vurmak	s. an den Kopf schlagen (wollen)
(bir şey birinin) kafasını kurcalamak	etw. geht jemanden im Kopf herum
(birinin) kafasını şişirmek	jemanden Löcher in den Bauch reden
kafasını takmamak	s. nichts daraus machen
kafasını yormak	s. den Kopf zerbrechen
(birinin) kafasını ütülemek	jemandem auf den Wecker fallen U/jemandem auf die Nerven (od. auf den Geist) gehen U
kafasız olmak	jemand hat das Pulver (auch) nicht (gerade) erfunden U
kafayı bulmak	zu tief ins Glas schauen U
kafayı çekmek	s. vollaufen lassen U/s. einen Schwips antrinken/ein Glas (od. einen) über den Durst trinken
kafayı tütsülemek	vgl. ‚kafayı çekmek'
(birini) kafese koymak	jemanden hereinlegen/jemanden übers Ohr hauen/jemanden hinters Licht (od. auf Glatteis) führen
kalafata çekmek	zum alten Eisen werfen
kalbi ağzına gelmek	das Herz fällt (od. rutscht) jemanden in die Hose(n)
(korkudan vs.) kalbi durmak	das Herz steht jemandem still
kalbi parça parça olmak	es zerreißt jemandem das Herz
kalbi yerinden oynamak	jemandem zerspringt das Herz
(birinin) kalbini fethetmek	jemandem ans Herz gewachsen sein
(birinin) kalbini kırmak	jemanden (mitten) ins Herz treffen/jemandem einen Stich ins Herz geben/jemanden bis ins Mark treffen
kalburla su taşımak	mit einem Sieb Wasser schöpfen
kalender olmak	fünf gerade sein lassen U/die Ruhe weg haben
(bir şey için) kalıbını basmak	auf etw. Gift nehmen U/jemandem Brief und Siegel auf etw. geben
(biri için) kalıbını basmak	s. für jemanden verbürgen/für jemanden die (rechte) Hand ins Feuer legen

kalın kafalı olmak	eine lange Leitung haben
kalpsiz olmak	ein Unmensch sein
kalu beladan beri	seit Olims Zeiten
kan gövdeyi götürüyor	der Teufel ist los
kan içip kızılcık suyu demek	sein Leid (od. seinen Kummer, od. seinen Gram) in sich hineinfressen
(birine) kan kusturmak	jemandem die Hölle heiß machen
kan ter içinde kalmak	Blut und Wasser schwitzen U
kanı beynine çıkmak	das Blut kocht jemandem in den Adern
kanı donmak	das Blut erstarrt (od. stockt, gerinnt, gefriert) jemandem in den Adern
(birine) kanı kaynamak	warm werden mit jemandem
(biriyle) kanlı bıçaklı olmak	wie Hund und Katze leben / mit jemandem auf Kriegsfuß stehen / auf Hauen und Stechen mit jemandem stehen
kapalı kutu olmak	ein stilles Wasser sein
(birini) kapı dışarı etmek	jemanden auf die Straße setzen / jemandem den Stuhl vor die Tür setzen / jemanden an die frische Luft setzen / jemandem die Tür weisen
kapı gibi adam	ein Kerl wie ein Baum
kapı kapı dolaşmak	von Pontius zu Pilatus gehen od. laufen B / (Tür-)Klinken putzen
kapı yapmadan (bir şeyi yapmak)	mit der Tür ins Haus fallen
kapıları indirmek	Sturm läuten
kapısı herkese açık olmak	ein offenes Haus haben (od. führen)
(birinin) kapısını aşındırmak	jemandem das Haus einlaufen
kapış kapış gitmek	weggehen wie warme (od. frische) Semmeln
kapıya dayanmak	etw. steht vor der Tür / ins Haus stehen / in der Luft liegen
kapıyı (birinin) suratına çarpmak	jemandem die Tür vor der Nase zuschlagen
kaplumbağa yürüşü	im Schneckentempo
kara cahil olmak	nicht bis drei zählen können
(bir şeyi birinin) kara gözlerinin hatırı için yapmamak	etw. nicht wegen jemands schöner Augen machen
karakter sahibi olmak	einen guten Kern haben
Karaman'ın koyunu sonra çıkar oyunu	ein Wolf im Schafspelz
karamsar olmak	schwarz sehen

karaya vurmuş balık gibi	wie ein (od. der) Fisch auf dem Trokkenen
karda yürür izini belli etmez (olmak)	ein stilles Wasser sein
kardeş payı bölüşmek	s. etw. brüderlich teilen
karga bokunu yemeden	in aller Herrgottsfrühe/mit dem ersten Hahnenschrei/vor Tau und Tag
karınca bile incitmemek	keiner Fliege etw. zuleide tun (können)
karınca kararınca katkıda bulunmak	sein Scherflein beitragen B
karışıklık yaratmak (veya çıkarmak)	viel Wind (od. Wirbel) um etw. machen
(bir işten) kârlı çıkmak	einen guten Schnitt machen
(bir yeri) karman çorman etmek	alles auf den Kopf stellen
karnı zil çalmak	jemandem knurrt der Magen
karnından söylemek	s. etw. aus den Fingern saugen
kaşla göz arasında	a) im Handumdrehen/im Nu/in Null Komma nichts b) zwischen Tür und Angel
kaşlarını çatmak	die Stirn runzeln
(bir şeye) katlanmak	etw. in Kauf nehmen
katmerli yalan	eine faustdicke Lüge
kavga aramak (veya kaşınmak)	s. an jemandem reiben
(birine) kavuk giydirmek	jemanden zum Narren halten
kavun değil ki koklayayım	das kann ich doch nicht riechen U
kaymağını çıkarmak	den Rahm abschöpfen
kayıplara karışmak	s. verflüchtigen U/in der Versenkung verschwinden
kaz kafalı olmak	ein Schaf(skopf) sein U/ein Mondkalb sein U
kazanç kaynağı	ein fetter Brocken U
(birine) kazık atmak	jemanden hereinlegen/jemanden hinters Licht führen
(birini) kazıklamak	vgl. ‚(birine) kazık atmak‘
kazıklanmak	hereinfallen/jemandem auf den Leim gehen
kazın geleceği yerden tavuk esirgememek	mit der Wurst nach dem Schinken werfen
keçileri kaçırmak	von allen guten Geistern verlassen sein U/des Teufels sein U
keçileri kaçırmış olmak	vom (wilden) Affen gebissen (worden) sein U
keçileri mi kaçırdın?	du hast wohl Tinte gesoffen? U

kedi gibi dört ayak üstüne düşmek	auf die Butterseite fallen/immer wieder auf die Füße fallen
kedi köpek gibi hırlaşmak	wie Hund und Katze leben
kediye peynir tulumu emanet etmek	den Bock zum Gärtner machen
kel başa şimşir tarak	das paßt zu etw. (od. dazu) wie die Faust aufs Auge
(birinin başına) kel kâhya kesilmek	jemanden am Gängelband führen (od. haben)
kel kâhya olmak	die (od. seine) Nase in alles (od. in jeden Dreck) stecken
kelleyi (veya kellesini) koltuğa (veya koltuğuna) almak	seinen Kopf aufs Spiel setzen/Kopf und Kragen riskieren (od. wagen)
kemerleri sıkmak	den Gürtel enger schnallen
kemküm etmek	nicht (recht) mit der Sprache herausrücken wollen/um den Brei herumreden/drum herumreden
kendi bildiğini okumak	mit dem Kopf durch die Wand gehen (wollen)
kendi bilir	das ist seine Sache
kendi kendine gelin güvey olmak	die Rechnung ohne den Wirt machen
kendi kendini yemek	s. verzehren
kendi kuyusunu kendi kazmak	s. selbst sein (od. sein eigenes) Grab schaufeln
kendi yağıyla kavrulmak	auf eigenen Füßen stehen
kendiliğinden anlaşılmak	das versteht s. von selbst
kendinden geçmek	außer s. sein
kendine gelmek	zu s. kommen
kendine hakim ol(ma)mak	(nicht mehr) Herr über s. sein
kendine hakim olmak	s. in der Gewalt haben
kendini aptal yerine koydurmamak	s. nicht für dumm verkaufen lassen U
kendini beğenmek	von s. eingenommen sein
kendini beğenmiş olmak	ein (kleiner) Naseweis sein
kendini bulmak	vgl. ‚kendine gelmek‘
kendini fasulye gibi nimetten saymak	vgl. ‚kendini beğenmiş olmak‘
kendini kaybetmek	a) außer s. sein b) aus den Latschen kippen U
kendini pahalı satmak	seine Haut teuer verkaufen
(birine) kene gibi yapsışmak	jemandem auf der Pelle (od. auf dem Pelz) sitzen U, R

(kendini veya birini) kepaze (veya rezil rüsvay) etmek	s. (od. jemanden) unmöglich machen/
kesenin ağını açmak	tief in die Tasche greifen (müssen)
(birinin) kesesine yük olmak	jemandem auf der Tasche liegen
kesesini doldurmak	s. die Taschen füllen/sein Schäfchen scheren (od. ins Trockene bringen)
kesinlikle	das ist keine Frage
keyfi yerinde olmak	guter Laune sein
keyfi yerinde olmamak	nicht bei Laune sein
keyfimi kaçırıyorsun	du machst mir Laune!
(bir şeyin) keyfini çıkarmak	(etw.) in vollen Zügen genießen
(birinin) keyfini kaçırmak	jemandem die Laune verderben
keyifli olmak	vgl. ‚keyfi yerinde olmak'
kıç üstü oturmak	a) verraten und verkauft sein U b) s. auf seinen Hintern setzen U
(birinin) kıçına tekme atmak	jemandem einen Tritt in den Hintern geben U/jemandem in den Hintern treten U
(bir şeyi yapmayal) kıl kalmak	drauf und dran sein, etw. zu tun
kıp payı	um ein Haar
kıl payı kurtulmak	um Haaresbreite entgehen
kıl şaşmamak	aufs Haar genau
kıl üstünde durmak	auf des Messers Schneide stehen
kıldan nem kapamak	s. über die Fliege an der Wand ärgern
kılı kırk yarmak	Haare spalten
kılıbık olmak	unter dem Pantoffel stehen (od. unter den Pantoffel gekommen, geraten sein)
(birinin) kılına bile dokunmamak	jemandem kein Haar krümmen
kılını bile kıpırdatmadan	ohne mit der Wimper zu zucken
kıraldan çok kıral taraftarı olmak	päpstlicher als der Papst sein
kırk ev kedisi olmak	überall zu Hause sein
kırk kapının ipini çekmek	von Pontius zu Pilatus gehen (od. laufen)/Türklinken putzen
kırk yılda bir	alle Jubeljahre (od. Schaltjahre)
(okulu vs.) kırmak	blau machen U/schwänzen U
kısa kesmek	zur Sache kommen
kısacası	kurz und gut
kısasa kısasla mukabele etmek	jemandem etw. mit gleicher Münze heimzahlen
kısır döngü olmak	ein Teufelskreis sein
kıskançlıktan çatlamak (veya patlamak)	vor Neid platzen (od. vergehen)
kıskıs gülmek	s. ins Fäustchen lachen

kısmeti bağlı olmak	unter einem Unstern stehen/ein Pechvogel (od. Unglücksrabe, Unglückswurm) sein
(zengin) kısmeti çıkmak	eine gute Partie machen
kısmetini ayağıyla tepmek	sein Glück mit Füßen treten
(birini) kışkırtmak	jemanden scharfmachen U
kıt kanaat geçinmek	s. über Wasser halten/zum Leben zu wenig, zum Sterben zu viel haben
kıvrım kıvrım kıvranmak	wie ein Häufchen Elend dasitzen
kıyamet koptu	der Teufel ist los
kız kurusu	eine alte Schachtel U
kızım sana söylüyorum, gelinim sen anla demek	etw. durch die Blume sagen
kibarlığı elden bırakmamak	s. nicht lumpen lassen U
kirişi kırmak	über alle Berge sein/vgl. auch ‚toz olmak' und ‚nalları kaldırmak'
kirli çamaşırları ortaya dökmek	schmutzige Wäsche waschen
kirli işler çevirmek	krumme Touren machen U
kitaplar devirmek	Bücher wälzen
koca bebek olmak	ein Kindskopf sein
kocakarı	eine alte Schraube U/eine Schreckschraube U
(kötü bir şeyin) kokusunu almak	den Braten riechen U/Lunte riechen U/Wind bekommen von etw.
kolları sıvamak	(s.) die Ärmel hochkrempeln/in die Hände spucken
komşu kapısı olmak	bis (od. zu) . . . ist nur ein Katzensprung
komşunun tavuğu . . .	Kirschen in Nachbars Garten L
konuya gelelim	zur Sache !
(birine) korku vermek	jemandem einen Schreck einjagen
korkudan dört buçuk atmak	in tausend Ängsten schweben
koynunda yılan beslemek	eine Schlange am Busen nähren B
koyun kaval dinler gibi	dastehen wie die Kuh am (od. vorm) Scheunentor U/dastehen wie der Ochs am (od. vorm) Berg U
kozunu oynamak	seinen Trumpf ausspielen
kök salmak	Wurzeln schlagen
köküne kibrit suyu ekmek	vgl. ‚kökünü kurutmak'
kökünü kurutmak	mit Stumpf und Stiel ausrotten
köprüden geçinceye kadar ayıya dayı demek	mit den Wölfen heulen
(öfkeden vs.) köpürmek	Schaum vor dem Mund haben
kör alıcı olmak	die Katze im Sack kaufen

kör değneğini beller gibi	nach Schema F, U
kör kör parmağım gözüne	sieht doch ein Blinder mit dem Krückstock (od. ohne Brille) U
kösteği kırmak	über alle Berge sein
(iyi bir) kötek yemek	eine Tracht Prügel bekommen
kötü sonuca ulaşmak	ein böses Ende nehmen
kötü yola düşmek	auf Abwege geraten/auf die schiefe Bahn geraten
(birinin) kuklası gibi olmak	Wachs in jemands Hand (od. Händen) sein
kulağı (veya kulakları) çınlamak	jemandem klingen die Ohren
kulağı hassas olmak	feine Ohren haben
kulağı kirişte olmak	vgl. ‚kulak kabartmak'
kulağına çalınmak	vgl. ‚kulağına gelemek'
kulağına davul mu çalınıyor?	du hast wohl keine Ohren/wo hast du denn deine Ohren?
kulağına gelmek	jemandem zu Ohren kommen
kulağına küpe etmek	s. etw. hinter den Spiegel stecken können
(birinin) kulağını çekmek	jemandem die Ohren langziehen U/ jemanden an den Ohren ziehen
kulak asmak	sein Ohr leihen
kulak asmamak	s. nicht ins Bockshorn jagen lassen U
kulak kabartmak	die Ohren spitzen
kulak kesilmek	ganz Ohr sein
(birine) kulak vermek	die Ohren bei etw. haben
kulaklarına inanamak	seinen Ohren nicht trauen wollen
kulaklarını dikmek	vgl. ‚kulak kabartmak'
kulaktan kulağa gelmek	etw. macht die Runde
kupkuru olmak	knochentrocken sein
kurt gibi acıkmak	einen Bärenhunger (od. Wolfshunger) haben
kurt masalı okumak	jemandem die Jacke voll lügen U
kuru gürültü	viel Lärm um nichts L
kuru gürültüye pabuç bırakmamak	s. nicht ins Bockshorn jagen lassen U
kuru tahtada kalmak	arm wie eine Kirchenmaus sein/nichts als Lumpen und Läuse haben U
kusura bakmak	jemandem etw. übel nehmen
kusura bakma (yın)	nichts für ungut/ U
kuş beyinli olmak	ein Spatzenhirn haben U
kuş kadar kalmak	nichts als (od. nur noch) Haut und Knochen sein
(birini) kuş südüyle beslemek	jemanden auf den Händen tragen

kuş uçmaz kervan geçmez (yer)	wo s. Füchse und Hasen (od. Fuchs und Hase) gute Nacht sagen
kuş uçurmamak	mit Argusaugen beobachten L/wie ein Schießhund aufpassen U
kuyruğu titretmek	abkratzen S/ins Gras beißen S
kuyruğunu kısmak	den Schwanz einziehen (od. den Schwanz zwischen die Beine nehmen) U/zu Kreuze kriechen/ganz klein und häßlich werden U
kuyruklu yalan	eine faustdicke Lüge
(birinin) kuyusunu kazmak	jemandem eine Grube graben/jemandem eine Falle stellen
kuzu postuna bürünmüş	ein Wolf im Schafspelz
küçük dilini yutmak	jemandem bleibt die Spucke (od. der Atem) weg U
(birini) küçük düşürmek	jemandem etw. am Zeug flicken
küfelik olmak	blau wie ein Veilchen sein U
küfürbaz olmak	ein Schandmaul sein
kül fukarası olmak	arm wie eine Kirchenmaus sein
kül kedisi olmak	ein Stubenhocker sein
kül kömür etmek	dem Erdboden gleichmachen
kül yutmak	in eine Falle tappen (od. gehen, geraten)
kül yutmamak	den Schwindel kennen U
külüstür (mal) olmak	ein Ladenhüter sein U
küplere binmek	auf achtzig (od. hundert) kommen U/an die Decke gehen U/aus dem Häuschen geraten/aus der Haut fahren U
küpünü doldurmak	sein Schäfchen ins Trockene bringen/s. die Taschen füllen
(birine) küstahlaşmak	jemandem dumm kommen U

L

laf altında kalmamak	schlagfertig sein/nicht aufs Maul (od. auf den Mund) gefallen sein U
laf anlamak (veya dinlemek)	Vernunft annehmen
laf aramızda	unter uns gesagt
laf ebesi olmak	eine Klatschbase sein
laf işitmek	eine Zigarre verpaßt bekommen U
laf ola beri gele	das gehört nicht zur Sache
laf söyledi bal kabağı	Quatsch mit Soße U, R

laf taşımak	Klatsch verbreiten
(birinin) lafı(nı) ağzına tıkamak	jemandem ins Wort fallen
lafı bile olmamak	nicht der Rede wert sein
lafı gevelemek	um den Brei herumreden/darum (od. drum) herumreden/nicht (recht) mit der Sprache herausrücken (wollen)
lafın turşusunu kurmak	vgl. ‚lafı gevelemek'
(birinin) lafını çevirmek	jemandem das Wort im Munde verdrehen (od. umdrehen)
lafını esirgememek	das Kind beim rechten Namen nennen
(bir şeyin) lafını (bile) et(me)mek	etw. (nicht) in den Mund nehmen
(birinin) lafını kesmek	jemandem das Wort abschneiden
lafını sözünü sakınmamak (veya esirgememek)	das (od. sein) Herz auf der Zunge haben/reden, wie einem der Schnabel gewachsen ist U
lafügüzaf	dummes Gerede/leere Worte/Schall und Knall
lamı cimi yok	da gibt's kein Aber/ohne Wenn und Aber
lapa lapa kar yağıyor	Frau Holle schüttelt die Betten (od. ihr Bettzeug) aus
(birine) leke sürmek	jemanden in den Schmutz ziehen/jemanden in den Dreck ziehen (od. mit Dreck bewerfen) U
lekesiz (insan) olmak	eine reine (od. weiße) Weste haben
leş gibi içki kokmak	eine Fahne haben U
leş gibi kokuyor	es stinkt wie die Pest U
leyleği havada görmek	(ständig) auf Achse sein
leylek gibi	lang wie eine Bohnenstange U
lokmalar boğazına dizilmek	jemandem bleibt der Bissen im Halse stecken
(birinin) lokmasını saymak	jemandem die Bissen im (od. in den) Mund zählen

M

madalyonun öbür yüzü	die Kehrseite der Medaille
madrabaz olmak	ein schräger Vogel sein U
mahvolmak	auf den Hund kommen U
makara gibi konuşmak	wie ein Wasserfall reden/wie ein Buch reden

makaraları koyuvermek	s. vor Lachen ausschütten (wollen)/s. den Bauch halten (vor Lachen)/vor Lachen brüllen
(birini) makaraya almak	vgl. ‚maytaba almak'
maksadını açıklamak (veya açığa vurmak)	seine Karten aufdecken
maksadını belli etmek	Farbe bekennen
maksadını gizlemek	mit etw. hinter dem Berg (od. hinter dem Busch) halten
mal mülk	Hab und Gut
malın gözü olmak	es faustdick hinter den Ohren haben/mit allen Wassern gewaschen sein U/mit allen Hunden gehetzt sein U
malını bilmek	seine Pappenheimer kennen L, U
manda yürekli olmak	einen breiten Rücken (od. ein dickes Fell) haben
mandalar gibi şişmek	aufgehen wie ein Pfannkuchen (od. wie eine Dampfnudel) U
mankafa olmak	das Pulver (auch) nicht (gerade) erfunden haben U/ein Dummkopf sein U
mantar gibi bitmek	wie Pilze aus der Erde (od. aus dem Erdboden) schießen
Marmara çırası gibi yanmak	wie Zunder brennen
martaval okumak	lügen, daß s. die Balken biegen U/das Blaue vom Himmel herunterlügen U/jemandem die Jacke voll lügen
maskaralık etmek	den Hanswurst spielen
(birinin) maskesini düşürmek	jemandem die Maske herunterreißen
masrafa girmek	s. in Unkosten stürzen
masrafını çıkarmak	auf seine Kosten kommen
masraftan kaçınmamak	keine Kosten und Mühen scheuen
(birinde) maşayla tutulacak yer bırakmamak	kein gutes Haar an jemandem lassen
maval (veya martaval)	eine faustdicke Lüge
maval okumak	vgl. ‚martaval okumak'
(iki tarafa da) mavi boncuk dağıtmak	es mit beiden Parteien halten
(birini) maytaba almak	jemanden in den April schicken
Medine fukarası gibi dizilmek	wie die Hühner auf der Stange (dastehen)
(birinin) meftine sebep olmak	der Nagel zu jemands Sarg sein
Menemen bardağı gibi dizilmek	vgl. ‚Medine fukarası gibi dizilmek'
(birini) meraktan öldürmek	jemanden auf die Folter spannen

meteliğe kurşun atmak	abgebrannt sein U/blank sein U/pleite sein U
(birine) meydan okumak	jemanden in die Schranken fordern L/jemanden den Fehdehandschuh hinwerfen
(bir şeyi) meydana çıkarmak	etw. zum Vorschein bringen/etw. an den Tag bringen/etw. zu Tage fördern/etw. ans Licht bringen
meydana çıkmak	a) zum Vorschein kommen/an den Tag kommen/ans Licht kommen b) auf der Bildfläche erscheinen
meyhane kabadayısı olmak	ein Messerheld sein
(bir şeye) meyil vermek	von etw. eingenommen sein
mezar kaçkınına dönmek	wie eine Leiche auf Urlaub U (od. wie eine wandelnde Leiche)/U
(birini) mezara göndermek	jemanden unter die Erde (od. ins Grab) bringen/jemanden ins Jenseits befördern
mıhlanmış gibi durmak	wie angenagelt dastehen (od. dasitzen)
Mısır'daki sağır sultan bile duydu	das pfeifen die Spatzen von den (od. von allen) Dächern
mızıkçılık etmek	ein Spielverderber sein
midesine oturmak	jemandem schwer im Magen liegen
midesini bozmak	s. den Magen verderben
midesini tıka basa doldurmak	s. den Bauch vollschlagen
minder çürütmek	s. auf die Bärenhaut legen
mirasyediler gibi yaşamak	im Fett schwimmen/in Saus und Braus leben/wie Gott in Frankreich leben/mit einem silbernen (od. goldenen) Löffen im Mund geboren sein
modası geçmek	aus der Mode sein
modaya uymak	mit der Mode gehen
(kıskançlıkten vs.) morarmak	(grün und) gelb werden (vor Neid)
mucize beklemek	auf Zeichen und Wunder hoffen
muhallebi çocuğu olmak	an Mutters Schürze (od. Schürzenband) hängen/ein Muttersöhnchen sein
(birini veya bir şeyi) mumla aramak	jemanden (od. etw.) muß (od. kann) man mit der Laterne suchen/etw. mit der Lupe suchen müssen
(birine) musallat olmak	jemanden auf der Pelle (od. auf dem Pelz) sitzen U, R

mükemmel olmak	jemand (od. etw.) läßt nichts zu wünschen übrig
(birini) müşkül durumdan kurtarmak	die Karre (od. den Karren) für jemanden aus dem Dreck ziehen U
müneccim boku yemedim ya !	was weiß ich !/das weiß der Kuckuck (od. Teufel) ! U
müzmin bekâr	ein eingefleischter Junggeselle

N

(birinin) nabzına göre şerbet vermek	jemandem um den Bart gehen
(birinin) nabzını yoklamak	jemandem auf den Puls fühlen/jemandem auf den Zahn fühlen/bei jemandem auf den Busch klopfen
nalları dikmek	abkratzen S/ins Gras beißen S
nalları kaldırmak	Reißaus nehmen/sein Heil in der Flucht suchen
(bir şeyi birine) namus meselesi yapmak	jemanden bei seiner Ehre packen
nanay	(ja,) Pustekuchen! U, R
'nane yemek	Geschichten machen/Mist bauen U
nanik yapmak	jemandem eine Nase drehen U/eine lange Nase machen U
ne bileyim ben	das weiß der Kuckuck! U/das weiß der Teufel! U
ne çare	da beißt die Maus keinen Faden ab U
ne gezer	ach wo!/keine Spur
(bu) ne perhiz ne lahana turşusu	wie reimt sich das zusammen?
(işten vs.) nefes alamamak	nicht zu Atem kommen
nefes nefese olmak	atemlos sein
(birini) neşelendirmek	jemanden in Stimmung bringen
neşelenmek	auf Touren kommen/in Stimmung kommen
neşeli olmak	guter Laune sein
neşesi yerinde olmak	vgl. ‚neşeli olmak'
(birinin) neşesini kaçırmak	jemandem die Laune verderben
(birinin) neşesini kırmak	jemandem die Suppe versalzen U
neşesiz olmak	nicht bei Laune sein
nimetine hor bakmak	sein Glück mit Füßen treten
(birinin) nimetine mani olmak	jemandem den Brotkorb höher hängen
(birine) nisan balığı yutturmak	jemanden in den April schicken

niyeti bozuk olmak	etw. (nichts Gutes od. Böses) im Schilde führen
niyeti (evlenme konusunda) ciddi olmak	ernste Absichten haben
nuh deyip peygamber dememek	s. durch nichts anfechten lassen/seinen eigenen Kopf haben
nuhu nebiden kalmak	von Adam und Eva (ab)stammen/aus Olims Zeiten stammen
numara yapmak	Theater spielen (od. jemandem Theater vormachen)/eine Schau abziehen U
nutku tutulmak	jemandem bleibt die Spucke U (od. der Atem) weg
nutuk atmak	(große) Reden schwingen U
nutuk çekmek	vgl. ‚nutuk atmak'
nutuk söylemek	eine Rede halten

O/Ö

obur olmak	essen (od. fressen) wie ein Scheunendrescher U/ein Vielfraß sein
ocağı sönmek	auf den Hund kommen U
(birinin) ocağını söndürmek	jemanden zugrunde richten/jemanden auf den Hund bringen U
oh olsun	das geschieht jemandem recht
ok yaydan fırlar gibi	wie ein geölter Blitz U
olan oldu	die Würfel sind gefallen
oldu olacak kırıldı nacak	wenn schon, dann schon
olmayacak duaya amin demek	nach den Sternen greifen L
(bir işi) oluruna bırakmak	die Karre (od. den Karren) einfach laufen lassen U/einer S. freien Lauf lassen
(bir işi şimdilik) oluruna bırakmak	etw. auf Eis legen
omuz silkmek	mit den Achseln zucken
on parasız olmak (veya kalmak)	abgebrannt sein U/blank sein U/pleite sein U
on parmağında on marifet olmak	ein Tausendsassa sein
onun bileceği iş	das ist seine Sache
onun yerinde olmak istemek	ich möchte nicht in seiner Haut stecken
onuruna dokunmak	jemandem gegen die Ehre gehen
oradan buradan konuşmak	ins Blaue hineinreden

ordu gibi	in hellen Haufen
orta karar	der goldene Mittelweg
ortadan kaldırmak	aus der Welt schaffen
ortalığı birbirine karıştırmak (veya katmak)	viel Staub aufwirbeln
ortalık dandini	so eine Wirtschaft !/alles liegt wie Kraut und Rüben durcheinander U
ortaya çıkarmak	etw. zum Vorschein bringen/etw. an den Tag bringen/etw. zu Tage fördern/etw. ans Licht bringen
ortaya çıkmak	a) zum Vorschein kommen/in Erscheinung treten/an den Tag kommen/ans Licht kommen b) auf der Bildfläche erscheinen
ortaya dökmek	vgl. ‚ortaya çıkarmak'
osuruğu cinli olmak	s. über die Fliege an der Wand ärgern
ot yok ocak yok	bei jemanden ist Schmalhans Küchenmeister
(bir konuda) otorite olmak	eine Kanone sein U
oyun bozanlık etme	sei kein Frosch ! U
oyun bozanlık etmek	jemandem das (od. sein) Spiel verderben
oyun bozanlık etmemek	gute Miene zum bösen Spiel machen
(birine) oyun oynamak (veya etmek)	jemandem einen (bösen) Streich spielen
oyuna gelmek	hereinfallen/s. verfangen/jemandem auf den Leim gehen
(birini) öbür dünyaya göndermek	jemanden unter die Erde (od. ins Grab) bringen/jemanden ins Jenseits befördern
ödeşmiş olmak	quitt sein
ödü kopmak	zu Tode erschrocken sein
(birinin) ödünü koparmak	jemanden zu Tode erschrecken
öfkesinden hop oturup hop kalkmak	an die Decke gehen U/vor Wut kochen (od. platzen, od. schnaufen)/ Schaum vor dem Mund haben
öküz trene bakar gibi (durmak)	dastehen wie der Ochs am (od. vorm) Berg U/dastehen wie die Kuh am (od. vorm) Scheunentor U
ölü fiyatına	für einen Apfel und Ei/für ein Linsengericht/für einen Pappenstiel U
ölü gibi uyumak	wie ein Murmeltier schlafen/wie ein Mehlsack schlafen/wie eine Ratte (od. Ratz) schlafen U

ölüm dirim savaşı (vermek)	bis aufs Messer (kämpfen)
ölüm dirim meselesi	es geht dabei auf Leben und Tod
ölüm kalım meselesi	vgl. ‚ölüm dirim meselesi'
ölüm pahasına da olsa	koste es auch das Leben
ölümüne susamak	in sein Unglück rennen/seinen Kopf aufs Spiel setzen
ölüp gitmiş olmak	mausetot sein U
ölüyü güldürmek	jemandem sitzt der Schalk im Nacken/ein Spaßvogel (od. ein Witzbold) sein
ömür törpüsü olmak	eine Nervensäge sein/ein Quälgeist sein
(bir şeye) öncülük etmek	einer Sache Bahn brechen/den (od. die) Vorreiter machen
öp babanın elini	da haben wir die Bescherung (od. den Salat) !/(na,) Prost, Mahlzeit ! U
(birine) öpücük yollamak	jemandem eine Kußhand zuwerfen
öpüp başına koyarak	mit Kußhand
özü sözü doğru olmak	das Herz auf dem rechten Fleck haben

P

pabucu dama atılmak	abgehalftert werden U
(birinin) pabucunu dama atmak	jemanden in den Schatten stellen/jemanden an den Rand drängen (od. an die Wand spielen)/jemandem die Schau stehlen
pabuçları ensesini dövmek	das Hasenpanier ergreifen/davonlaufen wie eine gesengte Sau U, R
paçaları tutuşmak	der Boden wird jemandem zu heiß unter den Füßen
paçalarına doldurmak	die Hose(n) voll haben U
(birinin) paçasından tutup atmak	jemanden mit Schimpf und Schande davonjagen
paçasını kurtarmak	a) s. jemanden (od. etw.) vom Halse schaffen b) seinen Hals aus der Schlinge ziehen
(birinin veya bir şeyin) paçavrasını çıkarmak	jemanden (od. etw.) auf Grund und Boden verdammen
paha biçilmeyecek kadar değerli olmak	mit Gold nicht zu bezahlen sein
pala çalmak	wie ein Pferd arbeiten/s. die Seele aus dem Leib arbeiten
palas pandıras	Hals über Kopf U

palavra atmak	aufschneiden U
palavra savurmak	vgl. ‚palavra atmak'
pamuk ipliğine bağlı olmak	an einem seidenen (od. dünnen) Faden hängen
papara yemek	eine Zigarre verpaßt bekommen U/ etw. auf die Schnauze (od. den Dekkel) kriegen U (od. bekommen)
para babası olmak	steinreich sein
para kırmak	Geld scheffeln
para yapmak	Geld machen U
(birinden) para koparmak (veya sızdırmak)	jemanden anpumpen U
(birinin) parasini yemek	jemandem auf der Tasche liegen
parayı çok hesaplı harcamak	jeden Pfennig zweimal umdrehen (müssen)
paraya para dememek	Geld wie Heu haben U
parayı sokağa atmak	das Geld zum Fenster hinauswerfen
parça parça olmak	aus dem Leim gehen
(birisi için) parçalanmak	s. in Stücke reißen lassen für jemanden
parlak başarı (olmak)	ein Bombenerfolg U/ein großer Wurf sein
parmağı ağzında kalmak	baff sein U/platt sein U/vom Stuhl fallen U
(bir işin içinde) parmağı olmak	die Finger in etw. haben
(birini) parmağına dolamak	jemanden aufs Korn nehmen
parmağını bile kıpırdatmamak	keinen Finger rühren (od. krumm machen) für etw. od. jemanden/keine Hand rühren für etw. od. jemanden/keinen Strich tun
(bir şeye) parmak basmak	den Finger auf etw. legen
(birini) parmakla göstermek	mit Fingern (od. dem Finger) auf jemanden zeigen
(iyi bir) parti vurmak	eine gute Partie machen
(birinin) pasaportunu eline vermek	jemandem den Laufpaß geben
(birinin) pastırmasını çıkarmak	vgl. ‚pestilini çıkarmak'
pattadak	wie ein Blitz aus heiterem Himmel
(birini) (adamakıllı) paylamak	jemanden zur Schnecke machen U
pazar bozmak	jemandem in die Quere kommen
(birinin) pestilini çıkarmak	jemanden windelweich schlagen (od. Prügeln) U
(birinin) peşinde olmak	jemandem auf den Fersen sein
(birinin) peşine düşmek	s. an jemands Sohlen heften
(bir şeyin) peşini bırakmamak	nicht lockerlassen

pılısını pırtısını toplamak	seine sieben Sachen packen
pılısını pırtısını toplayıp	mit Sack und Pack
pireyi deve yapmak	aus einer Mücke einen Elefanten machen/dick auftragen U
pireyi deve yapmamak	die Kirche im Dorf lassen
pis boğaz olmak	essen (od. fressen) wie ein Scheunendrescher U/ein Vielfraß sein
pis pis gülmek	dreckig lachen S
pişmanlıktan dövünmek	s. an die Brust schlagen
(birinin) pişmiş aşına soğuk su katmak	jemandem in die Suppe spucken U
pişmiş kelle gibi sırıtmak	von einem Ohr zum anderen strahlen/strahlen wie ein Honigkuchenpferd U, R
(birinin) planlarını baltalamak	jemandem die Suppe versalzen U
(birinin) planlarını bozmak	vgl. ‚pazar bozmak'
postu sermek	s. häuslich niederlassen
postu ucuza vermemek	s. seiner Haut wehren
pot kırmak	einen Fauxpas begehen/ins Fettnäpfchen treten
pupa yelken	mit vollen Segeln
put gibi durmak	dastehen (od. dasitzen) wie ein Ölgötze
put kesilmek	zur Salzsäule erstarren B
püf noktası	der springende Punkt/des Pudels Kern L
(bir şeyin) püf noktasını bilmek	etw. im Griff haben
pürüzlü olmak	jemand (od. etw.) läßt zu wünschen übrig

R

(bir işi) rafa koymak	(etw.) auf die lange Bank schieben
(birinin) rahat (kıçına) batmak	jemanden sticht der Hafer U
(birini) rahat bırakmak	jemanden in Ruhe lassen
(birine) rahat vermek	vgl. ‚(birini) rahat bırakmak'
rahat yüzü görmemek	nicht zur Ruhe kommen
rahatı kaçmak	die Ruhe verlieren
(bir işi yapmaya) ramak kalmak	drauf und dran sein, etw. zu tun
rasgele	auf gut Glück/aufs Geratewohl
rengini belli et(me)mek	sein wahres Gesicht (nicht) zeigen
rencide olmak	s. auf den Schlips getreten fühlen U

revaçta olmak	hoch im Kurs stehen/auf dem Vormarsch sein
reverans japmak	einen Bückling machen/einen (od. seinen) Kratzfuß machen U
(birini) rezil (rüsvay) etmek	jemanden unmöglich machen/jemanden in Verruf bringen/jemanden um einen Kopf kürzer machen
rezil (rüsvay) olmak	s. unmöglich machen/in Verruf kommen
(bir şeyi) rüyada görse hayra yormamak	etw. fällt jemandem nicht im Traum(e) ein
(bir şeyi) rüyada görse inanmamak	s. etw. nicht träumen lassen
ruhunu teslim etmek	den Geist aufgeben U

S/Ş

sabah akşam dememek	den lieben langen Tag
sabah sabah	in aller Herrgottsfrühe/bei (dem) ersten Hahnenschrei/vor Tau und Tag
sabahın köründe	vgl. ‚sabah sabah'
sabahlamak	s. die (od. eine) Nacht um die Ohren schlagen/die Nacht zum Tag(e) machen
sabır taşı olmak	die Geduld in Person sein
(bir şeyi) sabırsızlıkla beklemek	auf etw. gespannt sein
sabrı taşmak	jemandem reißt die Geduld
sabrı tükenmek	die Geduld verlieren
sabrım taştı	das Maß ist voll !
saç saça baş başa gelmek	s. in die Haare geraten/s. in die Wolle geraten U
saçını başını yolmak	s. die Haare ausraufen (wollen)
saçma	dummes Zeug !
saçma sapan konuşmak	dummes Zeug daherreden/leeres Stroh dreschen/Blech reden U
saçma sapan söz	das ist alles Käse U/das ist (alles ja) Kohl U, R
saçmalamak	spinnen U
sadede gelmek	zur Sache kommen
(birinin) sağ kolu olmak	jemands rechte Hand sein
sağını solunu bilmemek (veya şaşırmak)	nicht wissen, wo einem der Kopf steht/die Fassung verlieren

sağır mısın?	du hast wohl keine Ohren?/wo hast du denn deine Ohren?
sağlığını korumak	kürzer treten müssen
sakalına gülmek	s. ins Fäustchen lachen
sakalını değirmende ağartmamış olmak	nicht von gestern sein
sakalını uzatsa değmek	vor jemands Nase liegen U
saman alevi gibi olmak	wie ein Strohfeuer sein
saman altından su yürütmek	kein Wässerchen trüben können/Ränke schmieden
sap derken saman demek	s. benehmen wie ein Elefant im Porzellanladen
sapa sağlam olmak	a) niet- und nagelfest sein b) kerngesund sein/(gesund) wie ein Fisch im Wasser sein
sapına kadar	von echtem Schrot und Korn
(kıskançlıktan vs.) sararmak	(grün und) gelb werden (vor Neid)
sarpa sarmak	in die Binsen gehen U/in den Graben gehen U
sebat göstermek	bei der Stange bleiben
sebilhane bardağı gibi (dizilmek)	wie die Hühner auf der Stange
sefalet içinde olmak	Trübsal blasen
sefalet içinde yaşamak	ein Hundeleben führen U
seller gibi göz yaşı dökmek	s. die Augen ausweinen (od. aus dem Kopf weinen)
sen kendini okut	du bist wohl nicht recht bei Trost ! U/du hast sie wohl nicht alle ! U
sen onu benim külahıma anlat	das kannst du deiner Großmutter erzählen U
seni Allah gönderdi	du kommst wie gerufen
(biriyle) senli benli olmak	mit jemandem auf du und du sein (od. stehen)
(birine) sepet havası çalmak	vgl. ‚sepetlemek‘
(birini) sepetlemek	jemandem einen Korb geben/jemandem den Laufpaß geben
ser verip sır vermemek (birdenbire) sersemlemek (veya serseme dönmek)	jemand will s. eher die Zunge abbeißen als (eine) Mattscheibe haben U
(birini) serbest bırakmak	jemanden auf freien Fuß setzen
sersemlik (veya salaklık) etmek	s. anstellen wie ein (od. der) Hund zum Eierlegen U, R
(biriyle) (daha) sert konuşmak	einen anderen Ton anschlagen
sesi kısılmak	einen Frosch (od. Kloß) im Hals haben

sevinçle karşılanmak	mit offenen Armen empfangen werden
(bir şeyi) sıcağı sıcağına anlatmak	jemandem etw. brühwarm weitererzählen (od. berichten usw.)
sıfırı tüketmek	mit seiner Kunst (od. seinem Latein) am Ende sein/sein Pulver verschießen (od. verschossen haben) U
sığır yürekli olmak	einen breiten Rücken (od. ein dickes Fell) haben U/die Ruhe weghaben
(biriyle) sıkı fıkı olmak	mit jemandem auf du und du sein (od. stehen)
(biriyle) sıkı ilişki içinde olmak (veya sıkı ilişkiye girmek)	mit jemandem Tuchfühlung aufnehmen
sıkıntı çekmek	Trübsal blasen
sıkıntıdan patlamak (veya ölmek)	vor Langeweile sterben
(birini) sıkıştırmak	a) jemandem einheizen U b) jemandem die Daumenschrauben anlegen U
sır küpü olmak	ein Geheimniskrämer sein
sırası gelmek	an der Reihe sein
sırayı bozmak	aus der Reihe tanzen (od. fallen)
sırayla	der Reihe nach (od. nach der Reihe)
sırıl sıklam aşık olmak	bis über beide Ohren verliebt sein
sırıl sıklam olmak	bis auf die Haut naß werden/keinen trockenen Faden mehr am Leibe haben/klatschnaß (od. patschnaß, od. pitschnaß) werden
sırra kadem basmak	s. aus dem Staub machen U/über alle Berge sein
(bir şeyin) sırrına varmak	einer S. auf den Grund gehen
(birine) sırt çevirmek	jemandem die kalte Schulter zeigen
sırtın kaşınıyor galiba	dir (od. dich) juckt wohl das Fell
(birinin) sırtından geçinmek	jemandem auf der Tasche liegen
(birinin) sırtını yere getirmek	jemanden aufs Kreuz legen
sıvışmak	die Kurve kratzen S
sicim gibi yağmur yağmak	Bindfäden regnen U/Schusterbuben regnen U
(bir şeyi) silip süpürmek	etw. verputzen U
sinek avlamak	Daumen (od. Däumchen) drehen
sinek siklet olmak	ein Fliegengewicht sein
sinir küpü olmak	ein Nervenbündel sein
siniri oynamak	die Nerven verlieren
(birinin) sinirine dokunmak (veya gitmek)	jemandem auf die Nerven (od. auf den Wecker U) gehen

(birinin) sinirini bozmak	jemandem böses Blut machen
sinirleri boşanmak	vgl. ‚siniri oynamak'
sinirleri çelik gibi kuvvetli olmak	Nerven wie Drahtseile (od. Stahl) haben U
sivriakıllı olmak	das Gras wachsen hören U
soğuk kanlı olmak (veya kalmak)	kaltes Blut bewahren
sokakta kalmak	auf der Straße sitzen
sol tarafından kalkmış olmak	mit dem linken Fuß zuerst aufgestanden sein
son demlerinde olmak	der Tod sitzt jemanden im Nacken/todgeweiht sein/ein Kind des Todes sein L
son nefesini vermek	in den letzten Zügen liegen
(bir işi) sona erdirmek	etw. unter Dach und Fach bringen
sonu çapanoğlu çıkmak	a) das dicke Ende kommt noch b) einen Pferdefuß haben/einen Haken haben
sorulmadan lafa karışmak	seinen Senf dazu geben U
soya çekmek	in der Familie liegen
soytarılık etmek	den Hanswurst spielen U
(birini) soyup soğana çevirmek	jemanden bis aufs Hemd ausziehen (od. ausplündern) U
sövüp saymak	wie ein Fuhrknecht schimpfen (od. fluchen) U/wie ein Rohrspatz schimpfen U
söz konusu olmamak	etw. kommt nicht in Frage
söz taşımak	Klatsch verbreiten
(birine) söz vermek	jemandem sein Wort geben
sözünde durmak	sein Wort halten
sözünden dönmek	sein Wort brechen
(birinin) sözünü dinlemek	jemands Rat befolgen
sözünü esirgememek	reden, wie einem der Schnabel gewachsen ist U/das Kind beim rechten Namen nennen
(birinin) sözünü senet kabul etmek	jemanden beim Wort nehmen
sözünü tut(ma)mak	sein Wort (nicht) halten
su gibi (bilmek vs.)	wie aus der Pistole geschossen
su katılmamış	wie es (od. er, sie) im Buch steht/reinsten Wassers/in Reinkultur
su koyuvermek	über die Stränge schlagen U
sucuk gibi olmak	bis auf die Haut naß werden/keinen trockenen Faden mehr am Leibe

	haben / klatschnaß (od. patschnaß, od. pitschnaß) werden
suç işlemek	Schuld auf s. laden
(biriyle) suç ortaklığı etmek	mit jemandem unter einer Decke stecken
(birini) suç üstü yakalamak	jemanden auf frischer Tat ertappen
suçu birinin üstüne atmak	jemandem etw. in die Schuhe schieben (wollen)
sudan ucuz	spottbillig / für einen Pappenstil U / für ein Linsengericht B / für einen Apfel und ein Ei U, R
sulu gözlü olmak	eine Heulsuse sein / nahe am Wasser gebaut haben
suratından düşen bin parça olmak	ein Gesicht wie drei (od. sieben) Tage Regenwetter machen
suratını asmak	ein langes Gesicht machen
suratını ekşitmek	aussehen, als habe man in eine Zitrone gebissen R
(birinin) suratını paçavraya (veya Çarşamba pazarına) çevirmek	jemandem die Fresse (od. Fassade, od. Visage) polieren S
suratını seytan görsün	der Teufel soll ihn holen !
suya düşmek	a) ins Wasser fallen / flachfallen b) im Eimer sein U
süklüm püklüm olmak	ganz klein und häßlich werden / den Schwanz einziehen U
süngüsü düşük olmak	die Ohren (od. den Kopf) hängen lassen
sürü sepet	a) mit Kind und Kegel b) in Hülle und Fülle / wie Sand am Meer
sürüden ayrılmak	a) aus der Reihe tanzen b) eigene Wege gehen
sürüsüne bereket	vgl. ‚sürü sepet'
süt dökmüş kedi gibi durmak	dastehen wie ein begossener Pudel
şafakla	in aller Herrgottsfrühe / beim ersten Hahnenschrei / vor Tau und Tag
şaka (maka) bir yana	Spaß beiseite!
şaka kaldır(ma)mak	(keinen) Spaß verstehen
şakacı olmak	ein Witzbold (od. ein Spaßvogel) sein
şakacıktan	(nur) zum Spaß
şakası olmamak	mit jemandem ist nicht gut Kirschen essen R / mit jemanden (od. etw.) ist nicht zu spaßen

şakır şakır yağmur yağmak	in Strömen gießen (od. regnen)
şaklabanlık etmek	den Hanswurst spielen
şamama gibi (olmak)	Dreikäsehoch
(birine) şans dilemek	jemanden die Daumen (od. beide Daumen) drücken
şansı olmak	Glück haben/Schwein haben U
şansı olmamak	Pech haben
şansı hep yaver gitmek	unter einem glücklichen Stern geboren sein/ein Sonntagskind sein
şansı yaver gitmemek	ein Pechvogel (od. Unglücksrabe, od. Unglückswurm) sein
şansın(ız) açık olsun	Hals- und Beinbruch!
şanslı olmak	ein Glückspilz sein
şanssızlığı üstünde olmak	eine Pechsträhne haben
şapa oturmak	in die Klemme (in die Patsche) geraten/in Teufels Küche geraten
şapa oturmuş olmak	in der Klemme sein (od. stecken)
şaşa kalmak	aus allen Wolken (od. Himmeln) fallen/vom Stuhl fallen
şaşaalı	mit Glanz und Gloria
şaşırıp kalmak	vgl. ‚şaşa kalmak‘
şaşkın tavuğa dönmek	(völlig) den Kopf verlieren/aussehen, als sei einem eine Laus über die Leber gelaufen
şaşkına dönmek	vgl. ‚şaşkın tavuğa dönmek‘
şaşkınlıktan ağzı açık kalmak	vom Stuhl fallen U/baff sein U/platt (vor Staunen) sein U
şaşkınlıktan dona kalmak	vgl. ‚şaşkınlıktan ağzı açık kalmak‘
şaşkınlıktan küçük dilini yutmak	sprachlos (vor Staunen) sein
şekerleme yapmak	ein Nickerchen machen
şerefine dokundurmak	s. etw. vergeben
şeytan azapta gerek	das geschieht jemandem recht
şeytan dürttü	jemanden reitet der Teufel
şeytana çarık giydirmek	wissen, wo (der) Bartel den Most holt U
şeytana pabucu ters giydirmek	mit allen Wassern gewaschen sein U/von allen Hunden gehetzt sein U
(birine) şükran borcu olmak	in jemands Schuld stehen
şüphe götürmemek	bombensicher sein U
(bir şey birine) şüpheli görünmek	jemandem spanisch vorkommen U

T

(bir şey için) taban tepmek	s. die Beine (od. die Schuhsohlen) nach etw. ablaufen
tabanları kaldırmak (veya yağlamak)	davonlaufen wie eine gesengte Sau U, R
taçsız kıral	ein ungekrönter König
(bir şeyin) tadını almak	Blut geleckt haben
tahtalı köyü boylamak	abkratzen S/ins Gras beißen S/die Radieschen von unten besehen U
(birine) tahtalı köyü boylatmak	jemanden ins Jenseits befördern/jemanden unter die Erde (od. ins Grab) bringen
tahtası eksik olmak	bei jemandem ist eine Schraube locker U/einen Dachschaden haben U
takma kafanı	mach dir nichts daraus (od. draus)
(bir şeyi) takmamak	s. über (od. wegen) etw. keine grauen Haare wachsen lassen
talih (veya şans) yüzüne gülmek	unter einem glücklichen Stern stehen
talih yüzüne gülmüş olmak	auf der Sonnenseite des Lebens stehen L
talihi (veya şansı) olmak	Glück haben/Schwein haben U
talihi (veya şansı) olmamak	Pech haben
talihine razı gelmek	sein Kreuz auf s. nehmen
talihli (veya şanslı) olmak	ein Glückspilz sein
talihsiz olmak	ein Pechvogel (od. ein Unglücksrabe, od. ein Unglückswurm) sein
tam hızıyla	mit Volldampf U
tam işime gelir	es kommt mir wie gerufen
tantana yaratmak	(viel) Staub aufwirbeln/Furore machen L
(birinin) taraf(ını) tutmak	s. auf jemands Seite stellen
tarihe geçmek	s. ins Buch der Geschichte eintragen L
tasamdı	ich mache mir einen Dreck draus U/ich pfeif' drauf U/das ist mir piepegal U, R
tasını tarağını toplamak	seine sieben Sachen packen
tasını tarağını toplayıp	mit Sack und Pack
(birine) taş atmak	etw. ist auf jemanden gemünzt
taş kalpli olmak	ein Herz aus Stein haben
taş kesilmek	zur Salzsäule erstarren B
taş üstünde taş bırakmamak	keinen Stein auf dem anderen lassen
taşı gediğine koymak	den Nagel auf den Kopf treffen
taşı sıksa suyunu çıkarmak	Bärenkräfte haben

taştan ekmeğini çıkarmak	s. sein Brot sauer verdienen (müssen)
tatlı söz söylemek	Süßholz raspeln
tatsız tuzsuz	ohne Saft und Kraft
tavşan yürekli olmak	ein Hasenherz haben / ein Angsthase sein U / ein Hasenfuß sein
tavşanla araba avlamak	s. Zeit lassen
tavuklar gibi (erken) yatmak	mit den Hühnern schlafen (od. zu Bett) gehen
tazıya dönmek	nichts als (od. nur noch) Haut und Knochen sein
tehlike dışında kalmak	weit vom Schuß sein
tehlikede bulunmak	auf dem Spiel stehen
(bir şeyi) tehlikeye sokmak	etw. aufs Spiel setzen
telef olmak	vor die Hunde gehen U
(birini veya bir şeyi) telleyip pullamak	jemanden od. etw. in den Himmel loben / jemanden über den grünen Klee R (od. über den Schellenkönig) loben R / jemanden od. etw. in den höchsten Tönen loben
temcit pilavı gibi	(es ist) immer dieselbe (od. die alte) Leier / es ist immer dasselbe Lied
temiz hava almak	frische Luft schöpfen
temize çekmek	ins reine schreiben
(birini) temize çıkarmak	jemanden reinwaschen
tencere düşmüş kapağını bulmuş	wie Topf und Deckel zusammenpassen
(birine) tepeden bakmak	jemanden von oben herab ansehen / jemanden über die Achsel ansehen
(herkese) tepeden bakmak	auf dem hohen Roß sitzen (od. s. aufs hohe Roß setzen)
tepeden inme	wie ein Blitz aus heiterem Himmel
tepeden tırnağa	von Kopf bis Fuß / von oben bis unten / vom Scheitel bis zur Sohle
tepeden tırnağa kadar silahlı	bis an die Zähne bewaffnet
tepesinden aşağı kaynar sular dökülmek	es läuft jemandem eiskalt (od. heiß und kalt) über den Rücken
(birinin) tepesine çıkmak	jemandem auf dem Kopf (od. auf der Nase) herumtanzen U
tepesine tüy dikmek	das setzt der Sache (od. allem) die Krone auf U / das schlägt dem Faß den Boden aus U
ter içinde kalmak	(wie) in Schweiß gebadet sein
(hırsından vs.) ter ter tepinmek	s. vor Wut nicht mehr kennen

(birinin idaresinde) terbiyeli maymun (gibi) olmak	unter jemands Fuchtel stehen U
terbiyeli olmak	eine gute Kinderstube haben
terbiyesiz olmak	keine Kinderstube haben
tereciye tere satmak	Eulen nach Athen tragen L
ters gitmek	schiefgehen/flachfallen/in den Graben gehen U
(birini) terslemek	jemanden hart anfahren
tetikte bulunmak	auf Draht sein/Gewehr bei Fuß stehen
tıka basa (dolu)	(dicht gedrängt) wie die Ölsardinen (in der Büchse)/wie die Heringe in der Tonne U
(birini) tıka basa doyurmak	jemandem den Rachen (voll)stopfen U
tıklım tıklım (dolu)	vgl. ‚tıka basa (dolu)'
tıpatıp	haargenau
tıpkısının aynısı olmak	wie ein Ei dem anderen gleichen
tir tir titremek	wie Espenlaub zittern
(üşümekten) tiril tiril titremek	frieren wie ein Schneider
tok (bir) sesle	im Brustton der Überzeugung
top yekûn	der ganze Schwindel U
Tophane güllesini atmak	mit Pauken und Trompeten durchfallen
topu atmak	a) vgl. ‚Tophane güllesini atmak' b) baden gehen/pleite gehen
topu dikmek	vgl. ‚topu atmak a und b'
topukları ensesini dövmek	Fersengeld geben/das Hasenpanier ergreifen/die Beine unter die Arme nehmen/s. verflüchtigen U/das Weite suchen/sein Heil in der Flucht suchen/davonlaufen wie eine gesengte Sau U, R
torpili (veya torpilli) olmak	Vitamin B haben
(birinin veya bir şeyin üstüne) toz kondurmamak	nichts kommen lassen auf (jemanden od. etw.)
toz olmak	s. aus dem Staub machen U/über alle Berge sein
(dünyayı vs.) tozpembe görmek	etw. durch die rosarote Brille sehen
tozu dumana katmak	viel (od. einen großen) Wirbel machen (um etw.)
turnayı gözünden vurmak	a) ins Schwarze treffen b) den Vogel abschießen c) einen guten Griff tun

turp gibi (olmak)	eine Roßnatur U/gesund (od. munter) wie ein od. der Fisch im Wasser (sein)/kerngesund (sein)
(bir şeyin üstüne) turp sıkmak	pfeifen auf etw. U
tut kelin perçemini	da ist guter Rat teuer
tuttuğunu koparmak	nicht lockerlassen
tutunmak	festen Fuß fassen
(bir şeyin üstüne) tuz biber ekmek	das setzt der S. (od. allem) die Krone auf U/das schlägt dem Faß den Boden aus U
tuzağa düşmek	in eine Falle geraten/s. verfangen/jemanden ins Garn (od. ins Netz) gehen/jemandem auf den Leim gehen U
(birini) tuzağa düşürmek	jemanden in die Falle locken/jemanden ins Garn (od. auf den Leim, od. ins Netz) locken/jemanden hereinlegen
tuzlayım da kokma	du bist wohl nicht bei Trost ¡ U/du hast sie wohl nicht alle ¡ U/bei dir piept's wohl ¡ U, R
tuzlu fiyat	ein gepfefferter (od. gesalzener, od. stolzer) Preis U
(bir şeyin) tuzu biberi olmak	das Salz in der Suppe sein
tuzu kuru olmak	sein Schäfchen im Trockenen haben/gut lachen haben
tükürüğü kurumak	s. den Mund fusselig reden U
tümen tümen	in hellen Haufen
tüyleri diken diken olmak	jemandem stehen die Haare zu Berge/eine Gänsehaut bekommen
tüymek	verduften U

U/Ü

ucu bucağı olmamak	ins Uferlose gehen
ucuz kurtulmak	mit einem blauen Auge davonkommen/mit heiler Haut davonkommen
uçan kuşa borcu olmak	mehr Schulden als Haare auf dem Kopf haben U/bis an den (od. über den) Hals in Schulden stecken U
uçan kuştan medet ummak	s. an einen (od. jeden) Strohhalm klammern
(birine) uğur getirmek	jemandem Glück bringen

ulu orta konuşmak	ins Blaue hineinreden
un ufak etmek	kurz und klein schlagen
utanmaz olmak	rotzfrech sein U
uydurma haber (olmak)	(eine) Latrinenparole (sein) S
uydurmak	s. etw. aus den Fingern saugen
uyku bastı	der Sandmann (od. das Sandmännchen) kommt gleich
uyuyan yılanı uyandırmak	den schlafenden Löwen (auf)wecken/schlafende Hunde wecken
uyuyan yılanın kuyruğuna basmak	vgl. ‚uyuyan yılanı uyandırmak‘
uzun lafın kısası	der langen Rede kurzer Sinn
uzun uzadıya	lang und breit (od. des langen und breiten)
üç buçuk atmak	großen (usw.) Bammel haben U (vor etw.)
üst perdeden konuşmak	große Töne spucken U/ein großes Maul haben U/das Maul (weit) aufreißen U
üstüme varma	bleib mir vom Leib
üstün gelmek	die Oberhand gewinnen
üstünden (veya üzerinden) pislik akmak	ein Schmutzfink sein
(birinin) üstüne atlamak	vom Leder ziehen (gegen jemanden)
(suçu vs. birinin) üstüne atmak	jemandem einen Strick aus etw. drehen
(bir şeyin) üstüne fatiha okumak	etw. in den Schornstein (od. in den Rauchfang) schreiben/ein Kreuz über etw. machen (können)
(bir şeyin) üstüne oturmak	s. etw. unter den Nagel reißen
üstüne (sorumluluk vs.) yüklenmek	etw. auf seine Kappe nehmen
üstüne sünger çekmek	Schwamm drüber!
üstüne titremek	etw. wie seinen Augapfel hüten
üstüne toz kondurmamak	auf jemanden nichts kommen lassen
(bir de) üstüne üstlük	zu allem Unglück/das fehlte (gerade) noch!

V

(bir şeye) vakit ayırmak	s. die Zeit nehmen
vakit geçirmek	Zeit vertreiben
vakit daraldı	es ist höchste Zeit (od. höchste Eisenbahn)

var gücüyle (işe girişmek)	mit Volldampf (an etw. herangehen)
vaveyla koparmak	Zeter und Mordio schreien U
vay anasını !	das ist ein Ding !/ein dicker Hund ! U/ ein starkes Stück ! U
vay canına !	vgl. ‚vay anasını !'
vız gelip tırıs gitmek	vgl. ‚vız gelmek'
vız gelmek	jemandem ist etw. wurst U/auf etw. pfeifen U/jemandem piepegal sein U, R
vicdan azabı çekmek	Gewissensbisse haben
vicdanı rahat ol(ma)mak	ein gutes (schlechtes) Gewissen haben
vur abalıya !	gib ihm Saures ! U, R
vur deyince öldürmek	des Guten zu viel tun
vurduğu yeri kırmak	wo jemand hinhaut, wächst kein Gras mehr U
vurdumduymaz olmak	einen breiten Rücken (od. ein dickes Fell) haben

Y

ya bu deveyi güdersin ya bu diyardan gidersin	Vogel, friß oder stirb (od. friß Vogel oder stirb) U
ya herrü ya merrü	auf Gedeih und Verderb
yabana atmak	etw. in den Wind schlagen
yabana atmamak	s. etw. hinter den Spiegel stecken können/s. etw. hinter die Ohren (od. Löffel U) schreiben (können)
yağ bağlamak	Fett (od. Speck) ansetzen
(birine) yağ çekmek	jemands Affen Zucker geben U/ jemandem um den Bart gehen
yağcılık etmek	vor jemanden auf dem Bauch liegen (od. kriechen)
yağlı kapı	ein fetter Brocken
yağlı kuyruk	vgl. ‚yağlı kapı'
yağlım ballım olmak	ein Herz und eine Seele sein/wie Pech und Schwefel zusammenhalten
yağma yok	(ja,) Pustekuchen! U, R
yağmur olsa kimsenin tarlasına yağmamak	ein Geizkragen, wie er im Buche steht
yağmur yağarken küpünü doldurmak	s. die Taschen füllen/sein Schäfchen ins Trockene bringen
yağmurdan kaçarken doluya tutulmak	vom Regen in die Traufe kommen

(birinin) yakasına yapışmak	jemanden beim Kragen packen
(birinin) yakasını bırakmak	jemanden in Ruhe lassen
(birinin) yakasını bırakmamak	s. wie eine Klette an jemanden hängen
yakasını kurtarmak	s. etw. od. jemanden vom Hals schaffen U
yakayı kurtarmak (od. sıyırmak)	mit einem blauen Auge davonkommen
(birine) yalan atmak	jemandem die Jacke voll lügen/jemanden verkohlen U
yalan dolan	Lug und Trug/fauler Zauber U
yalan düzen	vgl. ‚yalan dolan'
yalan okumak	vgl. ‚yalan atmak'
(birine) yalan yutturmak	jemandem einen Bären aufbinden U
yalancıktan	zum Schein
(birine) yaltaklanmak	um jemanden (herum)schwänzeln
yaman (herif) olmak	ein Tausendsassa sein
(birine) yan bakmak	jemanden schief ansehen
(birinden) yana çıkmak	s. an jemands Seite stellen
yanağından kan damlamak	wie Milch und Blut aussehen/wie das blühende Leben aussehen
yangına körükle gitmek	Öl ins Feuer gießen
(feci şekilde) yanılgıda olmak	schief gewickelt sein U
yanılgıya düşmek	s. (in die Finger) schneiden U
(birinin) yanına yaklaşmamak	jemandem vom Hals bleiben/jemandem drei Schritte vom Leib bleiben
(birini) yanına yaklaştırmamak	s. jemanden vom Leib halten
(bir şeyi birinin) yanında bırakmamak	es jemandem heimzahlen
(bir şeyin) yanından bile geçmemiş olmak	keinen blassen Dunst von etw. haben U/keine blasse Ahnung haben U
(biri için) yanıp tutuşmak	bis über beide Ohren verliebt sein /in jemanden verknallt sein U/nach jemandem verrückt sein U
yanlış kapı çalmak	an die falsche Adresse geraten U
yanlış yolda olmak	auf dem Holzweg sein U
yapacak başka şeyi kalmamak	jemandem bleibt nichts anderes übrig, als . . .
yapayalnız	mutterseelenallein L
yaprağı kapamak	einen Strich unter etw. machen
(birinin) yarasını deşmek	(bei jemanden) in einer offenen Wunde rühren
yaraya parmak basmak	den Finger auf die Wunde legen
(bir işi) yarıda bırakmak	etw. an den Nagel hängen U
yarım elmanın yarısı o, yarısı bu	wie ein Ei dem anderen gleichen

yarım kulak(la) dinlemek	nur mit halbem (od. einem halben) Ohr zuhören
yarım porsiyon olmak	eine halbe Portion sein
yastıktan başını kaldıramamak	das Bett hüten
yaşı ne başı ne	eine Rotznase U
(birini) yaya bırakmak	jemanden im Stich lassen
ye kürküm ye	Kleider machen Leute
yedi iklim dört köşeden	aus allen Herren Länder
yedi kubbeli hamam kurmak	Luftschlösser bauen
yedi mahalle duydu	das pfeifen die Spatzen von den (od. von allen) Dächern
yedi mahalleye duyurmak	etw. an die große Glocke hängen
yelkenleri suya indirmek	die Segel streichen
yenilgiye uğramak	s. eine blutige Nase holen U
yenilir yutulur şey değil	ein harter Brocken
yer yarılıp da içine girmek	als hätte jemanden der Erdboden verschluckt
(birini) yerden yere çalmak	mit jemanden Schlitten fahren U
yere bakan yürek yakan	ein Wolf im Schafspelz
(birini düşürüp) yere sermek	jemandem über den Haufen werfen
yeri sağlam olmak	fest im Sattel sitzen
yeri yurdu belli olmamak	überall (od. in der ganzen Welt) zu Hause sein
(utancından vs.) yerin dibine geçmek	s. in Grund und Boden schämen
yerinde saymak	einen toten Punkt erreichen/nicht vom Fleck kommen
yerinde yeller esmek	spurlos verschwunden (od. verschwunden sein)
yerle bir etmek	dem Erdboden gleichmachen/in Schutt und Asche legen L
(birine) yeşil ışık yakmak	jemandem grünes Licht geben
yıkıl karşımdan !	geh mir aus den Augen !
yılan hikâyesi	eine Schraube ohne Ende
(biriyle) yıldızı barışık olmak	bei jemanden einen Stein im Brett haben
yıldızı parlamak	jemands Stern geht auf
yıldızı sönmek	jemands Stern sinkt
yok deve	das geht auf keine Kuhhaut U
yok etmek	aus der Welt schaffen
yok fiyatına	für einen Pappenstiel U/für einen Apfel und ein Ei/für ein Linsengericht B
yok pahasına	vgl. ‚yok fiyatına‘

yok pahasına (veya fiyatına) satmak	zu Schleuderpreisen verkaufen
birine yol açmak	jemandem den Weg bereiten
(birini) yola getirmek	jemanden auf den rechten Weg bringen / jemanden zur Vernunft bringen / jemanden Mores lehren
yola çıkmak	vgl. ‚yola koyulmak'
yola koyulmak	s. auf den Weg machen / s. auf die Socken machen U
(birini) yolda bırakmak	jemanden im Stich lassen
yoldan çıkmak	a) auf Abwege geraten b) vom Kurs abkommen
(bir şeyi) yoluna koymak	a) etw. in die Wege leiten b) seinen Laden in Ordnung bringen
yontulmamış olmak	jemand ist ein echter (od. ungehobelter) Bär
yorgun argın (olmak)	wie durch den Wolf gedreht (sein)
yorgunluktan her tarafı kırılmak	hundemüde sein U
yufka yürekli olmak	ein weiches Herz haben
yuh !	pfui ! U
(birinin) yuları (veya yularları) elinde olmak	jemanden an der Leine führen (od. haben, od. ziehen)
yumurta kapıya gelince	in letzter Minute / es ist fünf vor (od. nach) zwölf (Uhr)
(birine) yumuşak davranmak	jemanden mit Glacéhandschuhen anfassen
(hassas birine) yumuşak davranmak	jemanden wie ein rohes Ei behandeln
yumuşamak	weich werden
(birini) yumuşatmak	jemanden weichmachen
(birine bir şey) yutturmak	jemandem etw. weißmachen
(birine) yük olmak	jemandem zur Last fallen
yüksekten atmak	große Töne spucken U / ein großes Maul haben U / das Maul (weit) aufreißen U
(birine) yüksekten bakmak	jemanden von oben herab ansehen / jemanden über die Schulter ansehen
(herkese) yüksekten bakmak	auf dem hohen Roß sitzen (od. s. aufs hohe Roß setzen) U
(birinin) yükselmesine yardım etmek	jemanden den Steigbügel halten
yükü üstüne almak	etw. auf seine eigenen Schultern nehmen
yükünü tutturmak	Geld scheffeln

yüreği cız etmek	jemandem blutet das Herz
yüreği geniş olmak	über den Dingen stehen
yüreği kan bağlamak	vgl. ‚yüreği cız etmek'
yüreği parça parça olmak	es zerreißt jemandem das Herz
yüreği yağ bağlamak	jemandem fällt ein Stein vom Herzen
yüreği yaralı olmak	von schwerem Unglück betroffen sein
(bir şey birinin) yüreğine dert olmak	etw. liegt jemandem auf der Seele
yüreğine su serpilmek	jemanden eine Last von der Seele nehmen
(birinin) yüreğini cız ettirmek	jemandem einen Stich versetzen
yürek Selanik olmak	in tausend Ängsten schweben
yürekler acısı olmak	zum Steinerweichen sein
yüreksiz olmak	ein Hasenherz haben/ein Angsthase (od. ein Hasenfuß) sein U
(bir şeyi) yürütmek	etw. mitgehen lassen
yüz bulup astarını istemek	wenn man jemandem den kleinen Finger gibt, will er die ganze Hand
yüz karası olmak	ein Schandfleck sein
(ailenin) yüz karası olmak	das schwarze Schaf (der Familie) sein
yüz suyu dökmek	zu Kreuze kriechen
yüze gülmek	jemanden um den Bart gehen/ jemands Affen Zucker geben U
(biriyle) yüzleşmek	jemanden zur Rede stellen
yüzü ak (alnı pak) olmak	eine reine (od. weiße, od. saubere) West haben
yüzü gülmek	über das ganze Gesicht strahlen
(bir şeyi yapmaya) yüzü olmak	die Stirn haben, etw. zu tun
yüzünden düşen bin parça olmak	ein Gesicht wie drei (od. sieben) Tage Regenwetter machen
(bir şeyi birinin) yüzünden okumak	es (od. etw.) jemanden an der Nase(nspitze) ansehen
(utancından vs. birinin) yüzüne bakamamak	jemandem nicht ins Gesicht sehen können
yüzüne bakılmayacak kadar çirkin olmak	häßlich wie die Nacht sein
yüzüne karşı söylemek	jemanden etw. glatt ins Gesicht sagen
yüzüne kan gelmek	vgl. ‚yüzüne renk gelmek'
yüzüne renk gelmek	Farbe bekommen
(birinin) yüzünü ağırtmak	jemandem Ehre machen

Z

zaman öldürmek	die Zeit totschlagen
zamana ayak uyduramamak	hinter seiner (od. der) Zeit zurückbleiben
zamana ayak uydurmak	mit der Zeit gehen
zamana uymak	vgl. ‚zamana ayak uydurmak‘
zamane çocuğu olmak	ein Kind seiner Zeit sein
zamanla	mit der Zeit/im Laufe der Zeit
zar zor	mit Ach und Krach/mit Mühe und Not/mit Hängen und Würgen U
(birini) zararsız hale getirmek	jemanden unschädlich machen
(bir şeyi) zararsız hale getirmek	einer S. die Spitze abbrechen
zart zurt etmek	dummes Zeug daherreden/schwadronieren
zayıf düşmek	schwach werden
zehir gibi soğuk	eine Schafskälte/eine Hundekälte U
zemin hazırlamaden (bir şeyi yapmak)	mit der Tür ins Haus fallen
zevahiri kurtarmak	sein Gesicht wahren
zevk meselesi	das ist Geschmackssache
(birine) zılgıt vermek	jemandem den Kopf waschen U/jemandem den Marsch blasen U/jemandem eine Standpauke halten/jemandem die Leviten lesen U/jemandem die Hammelbeine langziehen U
zılgıt yemek	eine Zigarre verpaßt bekommen U/eins aufs Dach (od. auf den Deckel) bekommen (od. kriegen)/etw. auf die Schnauze bekommen (od. kriegen) U
zıpır olmak	(wie) verrückt sein/hirnverbrannt sein U/(als Kind) zu heiß gebadet sein U
zırdeli olmak	vgl. ‚zıpır olmak‘
zırnık koklatmamak	den Daumen auf etw. halten
zırva	dummes Zeug
zırvalamak	dummes Zeug daherreden/spinnen U/(s.) einen Stiefel zusammenreden U
zıvanadan çıkmak	außer Rand und Band sein
zifiri karanlık	stockfinster/eine ägyptische Finsternis
(bir şeyi) zihninden geçirmek	s. etw. durch den Kopf gehen lassen
zihninden geçmek	etw. kommt jemanden in den Sinn

zil zurna sarhoş olmak	blau wie ein Veilchen sein (vgl. auch ‚fitil gibi sarhoş olmak') U
zindan gibi karanlık	vgl. ‚zifiri karanlık'
zom olmak	vgl. ‚zil zurna sarhoş olmak'
zor gelmek	jemandem schwerfallen
zor işe girişmek	ein heißes Eisen anfassen (od. anpacken)